SAMMLUNG GÖSCHEN BAND 1195

ALLGEMEINE VOLKSWIRTSCHAFTSPOLITIK

von

DR. HANS OHM
o. Prof. an der Universität Würzburg

BAND I

SYSTEMATISCH-THEORETISCHE GRUNDLEGUNG

2. verb. und ergänzte Auflage

Mit 6 Abbildungen

WALTER DE GRUYTER & CO.
vormals G. J. Göschen'sche Verlagshandlung · J. Guttentag,
Verlagsbuchhandlung · Georg Reimer · Karl J. Trübner · Veit & Comp.
BERLIN 1965

Die Gesamtdarstellung umfaßt folgende Bände:

Band I: Systematisch-theoretische Grundlagen

Band II: Der volkswirtschaftliche Gesamtorganismus als Objekt der Wirtschaftspolitik

 — Archiv-Nr. 75 30 650. — Satz und Druck: Paul Funk, Berlin 30. — Printed in Germany.

Inhalt

1. Objekt, Methode und Aufgaben der Lehre von der Allgemeinen Wirtschaftspolitik

1.1 Das Darstellungsobjekt und seine Abgrenzung

Die Allgemeine Volkswirtschaftspolitik verdankt als Teildisziplin der Volkswirtschaftslehre ihre Entstehung dem Spezialisierungs- und Differenzierungsprozeß, dem die Volkswirtschaftslehre als vergleichsweise junge Wissenschaft in besonders starkem Maße unterworfen ist. Präziser formuliert, bietet sich der Gegenstand unserer Darstellung als eine Disziplin der Volkswirtschaftslehre dar, die durch Ausgliederung bzw. Abspaltung aus dem umfassenderen Gebiet der Lehre von der Volkswirtschaftspolitik — der Speziellen Volkswirtschaftslehre in der auf *Rau* zurückgehenden traditionellen Bezeichnung — erst im Laufe der letzten Dezennien unseres Jahrhunderts verselbständigt wurde. Es versteht sich von selbst, daß die Lehre von der Allgemeinen Volkswirtschaftspolitik als eine der jüngsten Teildisziplinen der Volkswirtschaftslehre noch nicht ihre endgültige Form nach Methode und Inhalt gefunden haben kann. Auf der anderen Seite hat das Gebiet aber doch — auch in der Lehrbuchliteratur und in den Vorlesungen — soweit Form und Gehalt angenommen, daß seine gesonderte Darstellung als zweckmäßig und wünschenswert erscheint. Ein Blick in das Literaturverzeichnis zu diesem Kapitel am Ende des Bandes, dem wir die wichtigste Lehrbuchliteratur seit dem 1. Weltkrieg eingegliedert haben, wird diese Auffassung bestätigt finden.

Die angedeutete wissenschaftliche Entwicklung hat so — vorläufig im wesentlichen auf den deutschsprachigen Raum beschränkt — dazu geführt, daß die Lehre von der Wirtschaftspolitik sich in die beiden Teildisziplinen *Allgemeine* und *Spezielle Volkswirtschaftspolitik* aufgliedert. Damit ergibt sich ein *Abgrenzungs- und Zuordnungsproblem* zwischen diesen beiden Disziplinen, auf das wir mit wenigen

Sätzen eingehen wollen, weil auf diese Weise auch gleichzeitig unser Darstellungsobjekt näher charakterisiert werden kann.

Das *Zuordnungsverhältnis* zwischen Allgemeiner und Spezieller Volkswirtschaftspolitik gleicht dem Verhältnis zwischen Grundlagenwissenschaft und angewandter Disziplin, das wir aus allen übrigen Wissensgebieten auch kennen: In der Allgemeinen Volkswirtschaftspolitik werden demgemäß die Einsichten und Erkenntnisse systematisch zusammengefaßt, auf denen die Spezialdisziplinen der Volkswirtschaftspolitik, wie beispielsweise Agrarpolitik, Gewerbe- und Industriepolitik, Binnenhandelspolitik, Verkehrspolitik u.a.m. aufbauen. Sie stellt (neben der Wirtschaftstheorie) die erkenntnismäßigen Grundlagen für diese Spezialdisziplinen bereit und wird wegen dieser Funktion deshalb auch zuweilen als „Theorie der Wirtschaftspolitik" (Seraphim) bezeichnet. Diese Formulierung präzisiert das Zuordnungsverhältnis zwischen den beiden Teildisziplinen in ähnlichem Sinne, wie wir es gerade dargelegt haben.

Der Zusatz „Allgemein" in der Bezeichnung der Teildisziplin, mit der wir uns hier beschäftigen wollen, kann aber noch in einem anderen als in dem gerade beschriebenen Sinne gebraucht werden. Hiernach ist die Allgemeine Volkswirtschaftspolitik nicht nur *Grundlagenwissenschaft* für die oben erwähnten Spezialdisziplinen der Volkswirtschaftspolitik, sondern sie ergänzt diese Spezialdisziplinen auch hinsichtlich desjenigen wirtschaftspolitischen Handelns, das die Volkswirtschaft in ihrer *Ganzheit* zu beeinflussen und zu gestalten versucht. Ihr Untersuchungsobjekt ist insofern umfassender als bei den Spezialdisziplinen der Volkswirtschaftspolitik, die nur *bestimmte Ausschnitte* aus dem wirtschaftlichen und wirtschaftspolitischen Geschehen behandeln. Die Ausschnittsbildung erfolgt dabei traditionellerweise nach *Sektoren* oder Wirtschaftsbereichen, wie Landwirtschaft, Geld- und Versicherungswesen, Verkehrswesen usw. mit der Folge, daß jeweils nur derjenige Teilbereich der Wirtschaftspolitik zur Darstellung und Behandlung gelangt, der dem korrespondierenden Wirtschaftszweig zugeordnet werden kann.

Die Allgemeine Volkswirtschaftspolitik ist nun gerade durch den bewußten Verzicht auf diese *Partialbetrachtung* gekennzeichnet. Nicht zuletzt auch deshalb, weil diese Art der Betrachtung wegen der weitgehenden *Interdependenz* allen Geschehens in einer Volkswirtschaft zu leicht der Gefahr der Unvollständigkeit und Einseitigkeit ausgesetzt ist. Die mit der Partialbetrachtung notwendigerweise einhergehende Verengung des Blickfeldes schränkt die Aussagekraft der Untersuchungsergebnisse mehr oder weniger stark ein. Dieser Mangel tritt bei der Allgemeinen Volkswirtschaftspolitik — die ja als *Totalbetrachtung* in Gesamtzusammenhängen denkt und deshalb diese Interdependenzen berücksichtigen kann — nicht auf. Ihr Blick ist auf das Ganze der Volkswirtschaft gerichtet, und das bedeutet, daß in ihre Kompetenz diejenigen Gebiete der Volkswirtschaftspolitik fallen, bei denen auch schon bisher das sektorale Gliederungsprinzip unberücksichtigt blieb, wie beispielsweise: Konjunktur- und Beschäftigungspolitik, Wachstums- und Entwicklungspolitik, Wirtschaftsordnungspolitik, Raumordnungspolitik u.a.m. Das Untersuchungsobjekt dieser Gebiete der Volkswirtschaftspolitik war auch nach bisheriger Übung bereits der Gesamtorganismus der Volkswirtschaft, so daß sie sich zwanglos in die Allgemeine Volkswirtschaftspolitik einfügen. In diesem letzteren Zusammenhang ist die Allgemeine Volkswirtschaftspolitik also als diejenige Disziplin zu verstehen, in der diejenigen Teildisziplinen der Volkswirtschaftspolitik zusammengefaßt werden, deren Untersuchungsobjekt nicht ein bestimmter Wirtschaftszweig, sondern die gesamte Volkswirtschaft ist.

Aus dieser zweifachen Aufgabenstellung der Allgemeinen Volkswirtschaftspolitik ergibt sich auch gleichzeitig ihre Zweiteilung in einen mehr *formalen* und einen *materiellen* Teil, die wir hinsichtlich des Aufbaus unserer Darstellung befolgen wollen. Im vorliegenden ersten Band werden wir die Allgemeine Volkswirtschaftspolitik in ihrer Aufgabenstellung als *Grundlagenwissenschaft* für die auf ihr aufbauenden Spezialdisziplinen der Volkswirtschaftspolitik, d.h. in ihrem mehr formalen Aspekt, behandeln. Im zweiten Band folgt dann die Darstellung des materiellen Teils der Allgemeinen Volkswirtschaftspolitik, der selbstverständlich ebenso wie die Spezialdisziplinen der Volkswirtschaftspolitik auf dem formalen Teil der Allgemeinen Volkswirtschaftspolitik aufbaut.

1.2 Wirtschaftspolitik und Wirtschaften

Das Untersuchungsobjekt der Lehre von der Allgemeinen Volkswirtschaftspolitik ist ein bestimmter Ausschnitt aus der Politik, den wir in Übereinstimmung mit dem allgemeinen Sprachgebrauch als Wirtschaftspolitik bezeichnen. Leider wird jedoch der letztere Begriff mehrdeutig verwendet, so daß wir gehalten sind, uns näher mit ihm zu beschäftigen und die Frage stellen müssen, was wir für die Zwecke unserer Darstellung unter Wirtschaftspolitik zu verstehen haben.

In einer ersten Annäherung können wir als Wirtschaftspolitik die bewußte und geplante Beeinflussung desjenigen Kulturbereichs der Gesellschaft bezeichnen, den wir als die „Wirtschaft" gedanklich aus der Ganzheit Kultur herausschneiden, wobei das Ziel dieser Beeinflussung die Verbesserung der gesellschaftswirtschaftlichen Verhältnisse ist.

Diese Beeinflussung der „Wirtschaft" erfolgt durch *instrumental oder technisch* besonders geartete wirtschaftspolitische Handlungen. Zwecks Vermeidung von Mißverständnissen dürfen diese *wirtschaftspolitischen Handlungen* nicht mit dem wirtschaftlichen Handeln selbst verwechselt werden. Die Summe dieser wirtschaftlichen Handlungen ist nämlich das materielle Substrat dessen, was wir mit der „Wirtschaft" innerhalb der Gesellschaft, d.h. der Gesellschafts- oder Volkswirtschaft, bezeichnen. In einer modernen, arbeitsteiligen Volkswirtschaft sind an dieser „Wirtschaft "eine Vielzahl von Wirtschaftssubjekten gestaltend beteiligt. Sie stellen Wirtschaftspläne mit bestimmten Planzielen auf und vollziehen diese Pläne. Wir bezeichnen die damit zusammenhängende Tätigkeit auch als „Wirtschaftsaktivität“ oder „wirtschaftliche Aktivität“.

Formal kann daher auch das Wirtschaften als Aufstellung und Vollzug von Wirtschaftsplänen definiert werden. Unter Berücksichtigung dessen, daß wir die Wirtschaftspolitik als die Beeinflussung des „Wirtschaftens“ konzipiert haben, können wir nun genauer die Wirtschaftspolitik als eine hauptsächlich *außerhalb des Wirtschaftens* sich entfaltende Aktivität definieren, durch die vorzugsweise, wenn auch nicht ausschließlich, *Aufstellung und Vollzug von Wirtschaftsplänen beeinflußt, gelenkt oder vorbestimmt werden sollen,* soweit es bei dieser Aktivität um die Realisierung „ökonomischer“ Zwecksetzungen geht.

Der letztere Zusatz über die spezifische Zwecksetzung ist erforderlich, um die Wirtschaftspolitik von der übrigen Politik abgrenzen zu können. In das Wirtschaften greift auch die übrige Politik ein, so daß eine Beeinflussung von Wirtschaftsplänen und ihrem Vollzug auch durch solche nicht-wirtschaftspolitischen Maßnahmen beabsichtigterweise erfolgen kann und auch tatsächlich erfolgt. Der Sachverhalt, daß durch diese Maßnahmen *andere* als ökonomische Zielsetzungen angestrebt werden, gestattet es uns jedoch, sie als nicht zu unserem Untersuchungsobjekt gehörig auszuscheiden. Was wir genau und konkret in diesem Zusammenhang unter nicht-ökonomischen Zielsetzungen zu verstehen haben, wird aus dem folgenden Beispiel, das der Veranschaulichung unserer Argumentation dienen soll, deutlich werden.

Als Demonstrationsobjekt wählen wir die öffentliche Gesundheitspolitik. Durch bestimmte gewerbepolizeiliche Maßnahmen bzw. solche des Unfallschutzes werden zwar auch Aufstellung und Vollzug von Wirtschaftsplänen absichtlich beeinflußt. Diese Beeinflussung erfolgt aber nicht im Hinblick auf ökonomische Zielsetzungen, sondern zwecks Schutz und Erhaltung der Volksgesundheit, d. h. nichtökonomischer Zielsetzungen wegen.

Prüfen wir unsere Definition der Wirtschaftspolitik etwas näher, so ist nicht zu übersehen, daß sie vom allgemeinen Sprachgebrauch abweicht, der ja auch bestimmte Aspekte des Wirtschaftens selbst als „Wirtschaftspolitik“ bezeichnet; so etwa, wenn von der „Wirtschaftspolitik“, der „Preispolitik“, der „Investitionspolitik“ usw. von Großunternehmungen die Rede ist. Noch häufiger sind solche oder ähnliche Redewendungen, wie etwa die von der Wirtschaftspolitik, im Falle von wirtschaftlichen Zusammenschlüssen, in denen sich die Wirtschaftssubjekte zwecks erfolgreicheren Wirtschaftens zusammenfinden, die wir auch als *Marktverbände* bezeichnen (Gewerkschaften, Arbeitgeberverbände, Genossenschaften u.a.m.). Diese häufig auf Mißverständnissen beruhende Formulierung in der Alltagssprache ist deshalb verständlich, weil für den Laien nicht ohne weiteres durchsichtig ist, daß in bezug auf unser Thema unter dem Begriff des Wirtschaftsverbandes sehr heterogene Tatbestände zusammengefaßt werden. So fällt es dem Laien schwer, zwischen der *wirtschaftlichen* und *wirtschaftspolitischen* Aktivität der Wirtschaftsverbände zu unterscheiden. Es gibt Verbände, die sich nur in der einen *oder* anderen Richtung betätigen; daneben kennen wir aber auch andere, die auf beiden Gebieten gleichzeitig tätig sind.

Daß in Verbänden gewirtschaftet werden kann, d. h. in gegenseitiger Abstimmung durch die Mitglieder Wirtschaftspläne aufgestellt und durchgeführt werden können, wissen wir aus der Alltagsanschauung; soweit diese *gemeinsame* wirtschaftliche Aktivität in Frage steht, würde man diese Zusammenschlüsse besser als *wirtschaftende* Verbände bezeichnen. Wie aus unseren späteren Ausführungen deutlicher hervorgehen wird, können die Verbände sich aber auch wirtschaftspolitisch betätigen, d.h. spezifisch geartete Maßnahmen mit wirtschaftspolitischen Zielsetzungen ergreifen. In dieser Beziehung stellen sich uns die Wirtschaftsverbände als *wirtschaftspolitische Verbände* dar, und obwohl in der Empirie viele von ihnen gleichzeitig sowohl in der einen wie in der anderen Richtung tätig werden, tun wir in wissenschaftlichen Untersuchungen doch gut daran, die wirtschaftliche von der wirtschaftspolitischen Aktivität dieser Verbände gedanklich scharf zu trennen.

Beispiele für Marktverbände, die sich auch gleichzeitig wirtschaftspolitisch betätigen, können wir der Gewerkschaftsbewegung sowie dem Genossenschaftswesen entnehmen. Wenn die Gewerkschaften ihren Mitgliedern bzw. allen Konsumenten empfehlen, gegenüber bestimmten Waren oder Produkten in Käuferstreik zu treten, so handeln sie nicht in ihrer Eigenschaft als (kollektives) Wirtschaftssubjekt am Arbeitsmarkt, sondern wirtschaftspolitisch, d.h. sie beeinflussen durch diese Aufforderung Verbrauchswirtschaftspläne. Ebenso betreiben die Konsumgenossenschaften Wirtschaftspolitik, wenn sie durch Erklärungen oder sonstige Maßnahmen Einfluß auf die Investitionspläne der Unternehmer, die Sparpläne der privaten Haushalte usw. nehmen.

Ausschließlich wirtschaftspolitisch schließlich können sich nur diejenigen Wirtschaftsverbände betätigen, denen nach Struktur und Aufgabenstellung jede wirtschaftliche Betätigung untersagt bzw. unmöglich ist und sei es auch nur in der Form der gegenseitigen und gemeinschaftlichen Abstimmung der Wirtschaftspläne ihrer Mitglieder, wie dies in manchen *Berufs- und Standesverbänden* der Fall ist. So etwa, wenn die Bauernverbände ihren Mitgliedern Zurückhaltung bei der Aufnahme von Krediten empfehlen, die Industrieverbände auf die Kreditpolitik der Banken oder die Investitionsprogramme des Staates Einfluß nehmen, die Tarifgestaltung der Verkehrsträger durch entsprechende Einwirkung auf letztere selbst mitzugestalten suchen usw.

Mit unserer vorstehend entwickelten Definition, wonach Wirtschaftspolitik die gezielte Beeinflussung des Wirtschaftens mittels spezifischer Maßnahmen und auf eine spezielle Zielsetzung hin ist, können wir die Trennung von Wirtschaften und Wirtschaftspolitik auch für alle praktischen Zwecke mit hinreichender Klarheit durchführen, wenngleich für Grenzfälle die Übergänge zwischen beiden Aktivitäten fließend sind. Die zuletzt angedeuteten Schwierigkeiten gehen teilweise auf den Umstand zurück, daß durch wirtschaftliches Handeln bestimmter Wirtschaftssubjekte das Wirtschaften *anderer* Wirtschaftssubjekte beeinflußt wird. Diese gegenseitige Beeinflussung der Wirtschaftspläne folgt aus der Interdependenz des wirtschaftlichen Geschehens in einer Gesellschaftswirtschaft. Wir können die aus dieser Interdependenz resultierenden Schwierigkeiten für eine begrifflich klare Fixierung der Wirtschaftspolitik aber dadurch weitgehend ausräumen, daß wir jegliche Beeinflussung von Wirtschaftsplänen aus dem Begriff der Wirtschaftspolitik ausschließen, *die nur Ausfluß der wirtschaftlichen Aktivität* von Wirtschaftssubjekten ist, deren Planziele ausschließlich an der Wahrung und Förderung des *eigenen ökonomischen Interesses* orientiert sind, was als Regelfall gelten kann. Negativ formuliert würde also in der Regel und von Ausnahmen abgesehen diejenige Beeinflussung von Wirtschaftsplänen keine Wirtschaftspolitik darstellen, die durch *wirtschaftliche Handlungen* selbst erfolgt, d. h. durch Aufstellung und Vollzug von Wirtschaftsplänen. Genau diesen Sachverhalt hatten wir im Auge, wenn weiter oben von der Wirtschaftspolitik als einer außerhalb des Wirtschaftens liegenden Tätigkeit die Rede war. An einem einfachen Beispiel demonstriert: Die Beeinflussung der Wirtschaftspläne der Abnehmer einer Wirtschaftsstufe durch die Änderung der Preise der liefernden Stufe ist keine Wirtschaftspolitik, sondern den zwischengesellschaftlichen Ausstrahlungen des Wirtschaftens zuzurechnen, falls die Preisänderung ausschließlich als Maßnahme zur Wahrung des ökonomischen Interesses der liefernden Stufe intendiert war. Daß solche Auswirkungen erst recht nicht in die Wirtschaftspolitik einzubeziehen sind, wenn sie *nicht beabsichtigt* sind, ergibt sich notwendigerweise aus der *Zielbezogenheit* jeder Politik. Diese Zielbezogenheit stellt nämlich ein konstitutives Element des Begriffes der Politik dar, ebenso wie die *Situationsgebundenheit* und die *Mittelwahl*. Die Problemstellungen der

Wirtschaftspolitik können gut nach diesen drei konstitutiven Elementen: der *Situation*, dem *Ziel* und den *Mitteln*, die auf dieses Ziel unter Berücksichtigung der Situation hinführen, gegliedert werden, wie dies ähnlich in unserer Untersuchung geschieht.

Es versteht sich von selbst, daß die wirtschaftspolitischen Maßnahmen, die in ihrer Gesamtheit die Wirtschaftspolitik ausmachen, eines „Adressaten" bedürfen und ebenso, daß sie von einem „Absender" bewirkt werden müssen. In der Literatur werden die letzteren auch zuweilen als „Träger" oder „Organe" bzw. „Subjekte" der Wirtschaftspolitik bezeichnet, während es sich bei den ersteren um die Wirtschaftssubjekte handelt, deren Wirtschaften beeinflußt werden soll. Dieser Sachverhalt selbst bedarf keiner weiteren Erläuterungen; hinzuweisen ist dagegen darauf, daß es sich im Verhältnis von Organ und Adressaten um *verschiedene* Gebilde oder Gruppen von Gebilden handeln kann, wie dies bereits an einigen der zuletzt zitierten Beispiele deutlich wurde. Für die wirtschaftspolitischen Verbände haben wir deshalb zu folgern, daß durch ihre wirtschaftspolitischen Maßnahmen auch das wirtschaftliche Handeln von Wirtschaftssubjekten beeinflußt werden kann, die *nicht* Mitglieder des Verbandes sind.

Wir können die Gegenüberstellung von Wirtschaften und Wirtschaftspolitik mit einer kurzen Bemerkung über ein letztes Abgrenzungsproblem abschließen, das sich aus dem Sachverhalt ergibt, daß auch die wirtschaftspolitische Betätigung *Kosten* verursacht. Wenn wir, wie wir das getan haben, Wirtschaften und Wirtschaftspolitik als zwei voneinander verschiedene Aktivitäten konzipieren und als Wirtschaften die Aufstellung und den Vollzug von Wirtschaftsplänen bezeichnet haben, so könnten aus diesem Kostenaspekt der wirtschaftspolitischen Aktivität Mißverständnisse entstehen. Letzteres gilt insbesondere für die öffentliche Hand, die sich ja in erheblichem Umfang wirtschaftlich betätigt und daneben auch Wirtschaftspolitik betreibt. Der Kostenaspekt der Wirtschaftspolitik zwingt die Träger der Wirtschaftspolitik auch zu Wirtschaftlichkeitsüberlegungen in Zusammenhang mit ihrer wirtschaftspolitischen Aktivität. Auch die Wirtschaftspolitik unterliegt dem Rationalitätsprinzip in dem Sinne, daß die Maßnahmen und Programme mit den geringst möglichen Kosten durchzuführen sind. Für die öffentliche Hand soll diese Rationalität durch den Teil des Haushaltsplanes unter Berücksichtigung einer entsprechenden Haushaltsgebarung sichergestellt werden, der sich auf ihre wirtschaftspolitische Aktivität bezieht. Wirtschaftliche Erwägungen in Zusammenhang mit dem Kostenaspekt, der Beschaffung und Verwendung der finanziellen Mittel für die Vorbereitung und Durchführung wirtschaftspolitischer Maßnahmen, die nach dem gerade Gesagten unumgänglich sind und die sich in einem bestimmten Plan niederschlagen, dürfen nun nicht mit den Wirtschaftsplänen gleichgesetzt werden, deren Aufstellung und Vollzug durch die Wirtschaftspolitik beeinflußt werden soll; andernfalls müßten wir nämlich konsequenterweise auf der Basis unserer formalen Definition für das Wirtschaften jegliche Aktivität der Träger von Wirtschaftspolitik als *Wirtschaften* oder wirtschaftliche Aktivität bezeichnen oder präziser: wir könnten nicht ohne die Hinzuziehung weiterer Kriterien die wirtschaftspolitische von der wirtschaftlichen Aktivität unterscheiden. Aus Gründen, die aus unserer Darstellung in den noch folgenden Teilen ersichtlich werden, wollen wir jedoch bei der vorgeschlagenen Definition des Wirtschaftens verbleiben, so daß der obige Hinweis auf den qualitativen Unterschied von Wirtschaftsplänen einerseits und kostenmäßig-finanziellen Planungen im Vollzug der Wirtschaftspolitik andererseits erforderlich wurde. Zwei einfache Beispiele mögen das Gesagte verdeutlichen:

Die im Haushaltsplan des Bundes niedergelegten Ausgaben- und Einnahmensätze, die sich auf den „Grünen Plan“ beziehen, durch den die Landwirtschaft gefördert werden soll, sind ein solcher Finanzierungsplan für ein wirtschaftspolitisches Programm und kein Wirtschaftsplan in dem von uns verwendeten Sinn.

Ebensowenig stellen die Einnahme- und Ausgabeetats der erwähnten Wirtschaftsverbände, die sich ausschließlich wirtschaftspolitisch betätigen, Wirtschaftspläne in unserem Sinne dar.

Wir haben mit den vorstehenden Ausführungen unsere Definition der Wirtschaftspolitik soweit präzisiert und erläutert, wie dies zur Ausräumung von vermeidbaren Mißverständnissen erforderlich und mit Rücksicht auf ihre praktische Verwendbarkeit in unseren folgenden Ausführungen geboten erschien. Aus methodologischen Gründen sind wir dabei von einer Definition ausgegangen, die weitgehend auf die Verhältnisse in marktwirtschaftlichen Wirtschaftsordnungen zugeschnitten ist. Wir tragen dabei unserem Vorhaben Rechnung, unsere Darstellung auf die Wirtschaftspolitik in *marktwirtschaftlichen* oder überwiegend marktwirtschaftlichen Systemen zu begrenzen; abgesehen von allen anderen Gesichtspunkten machten Raumgründe eine solche Beschränkung unumgänglich.

1.3 Praktische und wissenschaftliche Wirtschaftspolitik

Wie jede Erfahrungswissenschaft — und die Lehre von der Volkswirtschaftspolitik ist als Teildisziplin der Nationalökonomie notwendigerweise Erfahrungswissenschaft — basiert die wissenschaftliche Wirtschaftspolitik auf einem bestimmten *Erfahrungsobjekt*, das ihr das Anschauungsmaterial und die Problemstellungen liefert.

Dieses Erfahrungsobjekt der wissenschaftlichen Wirtschaftspolitik ist im weiteren Sinne die Volkswirtschaft, im engeren Sinne dagegen die wirtschaftspolitische Aktivität in dem gerade dargelegten Sinne, durch die die Volkswirtschaft und damit das *gesellschaftliche* Wirtschaften beeinflußt wird bzw. werden soll. Dieses in der wirtschaftlichen Wirklichkeit stattfindende wirtschaftspolitische Handeln wollen wir zwecks Vermeidung von Mißverständnissen als *praktische* Wirtschaftspolitik bezeichnen, wenngleich auch im wissenschaftlichen Sprachgebrauch sowohl für das Erfahrungsobjekt wie auch für die auf ihm aufbauende wissenschaftliche Disziplin häufig die gleiche Bezeichnung — nämlich Wirtschaftspolitik — verwendet wird.

Aus dieser Übung können sich Mißverständnisse in der Öffentlichkeit hinsichtlich der Aufgaben der wissenschaftlichen Wirtschaftspolitik wie auch der Funktion der Wissenschaftler ergeben, die sich mit der Disziplin beschäftigen. Da wir anschließend des näheren auf die Aufgaben der wissenschaftlichen Wirtschaftspolitik eingehen werden, sei in diesem Zusammenhang nur darauf hingewiesen, daß die wissenschaftliche Beschäftigung mit der Wirtschaftspolitik und das Engagement in der praktischen Wirtschaftspolitik als Wirtschaftspolitiker zwei sehr verschiedene Tätigkeiten darstellen, die unterschiedliche Eignungen, Erfahrungen, Ausbildung, Anforderungen usw. an die Persönlichkeit stellen. Beide Tätigkeiten verlangen spezifische Persönlichkeitstypen und relativ selten finden wir beide Typen in einer Person vereint.

Praktische Wirtschaftspolitik und wissenschaftliche Wirtschaftspolitik stehen also zueinander im Verhältnis von Erfahrungsobjekt und auf ihm basierender wissenschaftlicher Disziplin. Bedingt durch das Erkenntnisziel oder -interesse des Wissenschaftlers wird dieses Erfahrungsobjekt in wissenschaftlicher Sicht in ein „Erkenntnisobjekt" umgewandelt, d.h. das empirische Material wird nach heuristisch-systematischen Gesichtspunkten ausgewählt, geordnet und auf das spezifisch Wirtschaftspolitische hin reduziert; diese Umformung des Erfahrungsobjektes in der Hand des Wissenschaftlers in das Erkenntnisobjekt impliziert notwendigerweise eine bestimmte Entfernung von der Realität, so daß auch die Lehre von der Wirtschaftspolitik eine abstrakte und abstrahierende Disziplin ist.

1.4 Die Aufgaben der wissenschaftlichen Wirtschaftspolitik

Allerdings kann ihr Abstraktionsgrad in der Regel *niedriger* gehalten werden als der in anderen Disziplinen der Volkswirtschaftslehre, insbesondere in der Volkswirtschaftstheorie. Dieses geringere Abstraktionsniveau ist deshalb erforderlich und zweckmäßig, weil die Ergebnisse der wissenschaftlichen Wirtschaftspolitik ja auf die Wirklichkeit angewendet werden sollen. Diese Anwendbarkeit der Ergebnisse ist zwar auch von der Volkswirtschaftstheorie zu fordern, jedoch nur in einem sehr viel weniger strengen und mittelbareren Sinne als von der Volkswirtschaftspolitik. Daher die Forderung der größeren Wirklichkeitsnähe an die Wirtschaftspolitik, die die Anwendungsmöglichkeit der Forschungsergebnisse auf die Wirklichkeit der praktischen Wirtschaftspolitik vergrößert. Die praktische Wirtschaftspolitik wiederum wird dadurch instandgesetzt, ihre Rationalität und Effizienz zu verbessern, sofern sie von den Ergebnissen der wissenschaftlichen Wirtschaftspolitik Gebrauch machen will. Damit ergibt sich der bereits erwähnte wechselseitige Beziehungszusammenhang zwischen wissenschaftlicher und praktischer Wirtschaftspolitik: die letzte liefert der wissenschaftlichen Disziplin das Erfahrungsmaterial und die Problemstellungen — aktueller wie auch nicht aktueller Natur — die erste stellt der letzteren das wissenschaftliche Rüstzeug zur Verfügung, das eine Bewältigung der praktischen Probleme erleichtern kann.

Der Allgemeinen Volkswirtschaftspolitik ist damit die Aufgabe zugewiesen, an der Verbesserung der ökonomischen Verhältnisse in einer Gesellschaftswirtschaft mitzuwirken. Diesen *pragmatischen* Charakter teilt sie mit einer Reihe anderer Wissenschaftsdisziplinen, die die Mit- und Umweltverhältnisse in der Gesellschaft verbessern helfen sollen, wie etwa die Medizin, die technischen Wissenschaften u.a.m. Der Vergleich macht deutlich, daß dieser pragmatische Zug durchaus mit dem jeder Wissenschaft inhärenten Bemühen um Wahrheitsfindung zu vereinbaren ist. Da die Lehre von der Allgemeinen Volkswirtschaftspolitik sich nicht einfach mit der unreflektierten Anwendung der von anderen Disziplinen erarbeiteten Erkenntnisse und Wahrheiten auf die wirtschaftliche Wirklichkeit begnügen kann, sondern selbst neue Erkenntnisse erarbeiten muß, ist sie Wissenschaft und nicht nur „Kunstlehre". Es würde daher auch auf eine Verkennung des Charakters dieser Wissenschaftsdisziplin hinauslaufen, von ihr, wie von einer Kunstlehre, einfache oder gar fertige Rezepte für die praktische Wirtschaftspolitik verlangen zu wollen. Diese Feststellung schließt keineswegs die andere aus, daß die wissenschaftliche Wirtschaftspolitik der praktischen Wirtschaftspolitik wichtige Beratungsdienste leisten kann und auch leistet.

1.5 Wirtschaftstheorie und Wirtschaftspolitik

Weiter oben gebrauchten wir die Formulierung, daß es sich bei der Lehre von der Allgemeinen Volkswirtschaftspolitik um eine Art von angewandter Volkswirtschaftslehre handele, ohne dort diesen Zusammenhang des näheren zu präzisieren. Wir wollen das nun hier nachholen und gleichzeitig die beiden Teildisziplinen durch kontrastierende Gegenüberstellung auf Gemeinsamkeiten und Unterschiedlichkeiten hin miteinander vergleichen.

Beginnen wir zuerst mit den Gemeinsamkeiten! Die wichtigste ist zweifelsohne die, daß das Erfahrungsobjekt beider Disziplinen das gleiche ist: das volkswirtschaftliche Geschehen, so wie es uns in der Wirklichkeit entgegentritt. Gemeinsam ist ihnen weiterhin, daß dieses Materialobjekt im Hinblick auf das Untersuchungsziel umgeformt wird; und endlich ist das Bemühen beider Disziplinen das gleiche, nämlich zu gesicherten und objektiven, d.h. überprüfbaren und kommunikationsfähigen Ergebnissen zu gelangen.

Verschieden sind jedoch die Ausgangspunkte der Betrachtung sowie die Perspektiven, mit der die Wissenschaftler beider Disziplinen an das Untersuchungsmaterial herangehen, um zu ihren Untersuchungsergebnissen zu gelangen. Daraus wiederum ergeben sich unterschiedliche Fragestellungen, die am Beginn des jeweiligen wissenschaftlichen Bemühens stehen. Die Wirtschaftstheorie geht von den gegebenen wirtschaftlichen Phänomenen aus und fragt nach dem „Warum" und dem „Wodurch". Sie sucht damit die *Ursachen* und Ursachenkomplexe bloßzulegen, die das jeweils interessierende Phänomen mit all seinen spezifischen

Attributen, so wie es die Wirklichkeit zeigt, bewirkt haben. Dabei interessiert das Phänomen nicht eigentlich in seiner empirisch-historischen Einmaligkeit, oder doch jedenfalls nicht in erster Linie und in der Regel, sondern im Hinblick auf die Gemeinsamkeiten, die das gleiche Phänomen in häufigen und vielfältigen Wiederholungen im zeitlichen Geschehen der Wirklichkeit in diesen Wiederholungen darbietet. Der Grund hierfür ist, daß die Wirtschaftstheorie zu *allgemeinen*, d.h. möglichst allgemein geltenden, Erkenntnissen gelangen will und deshalb auch stark zur *generalisierenden* Betrachtung tendiert. Sie ist m.a.W. bemüht, möglichst durchgängige und immer wieder zu beobachtende Wirkungs- und Ursachenzusammenhänge, die sog. *Kausalgesetzmäßigkeiten*, im Wirtschaftsgeschehen aufzudecken. Da es hierbei um empirische Gesetzmäßigkeiten aus dem Bereich des *menschlichen Handelns* geht und für dieses nach unseren gegenwärtigen philosophischen Einsichten eine Determination im naturgesetzlichen Sinne ausgeschlossen werden muß, bezeichnen wir diese Gesetzmäßigkeiten besser als *Regelmäßigkeiten* i.S. von massenstatistischen Wahrscheinlichkeiten mit einer im Vergleich zum Naturgeschehen erheblich geringeren Stringenz. Wir bezeichnen diese Art der Betrachtung, die das Geschehen auf seine Verursachung hin untersucht, als *Kausalanalyse*, die wiederum *quantitativer* und *qualitativer* Natur sein kann, und haben damit diejenige *Untersuchungsmethode* vor uns, der sich die Wirtschaftstheorie vorzugsweise bedient. Für den häufig zu beobachtenden Fall im Wirtschaftsgeschehen, daß Wirkungen und Ursachen über zwei oder mehrgliedrige Kausalketten *ringförmig* zusammengeschlossen sind, erweitert sich die Kausal- zur *Funktionalanalyse*.

Wir wollen an einem einfachen Beispiel die vorstehenden Ausführungen verdeutlichen: Überall in der Wirtschaft trifft die empirische Beobachtung auf das Phänomen der Preisbildung. Die Beobachtung für eine Vielzahl historisch individueller Preisbildungsvorgänge ergibt bestimmte Ursachen, die sog. Preisbildungsfaktoren Angebot und Nachfrage, die in jedem Falle den Prozeß der Preisbildung selbst bewirken und auch gleichzeitig im Zusammen- und Gegeneinanderwirken die jeweilige Preishöhe bestimmen. Die weitere Analyse zeigt, daß eine stattgefundene Preiserhöhung bei bestimmten Zusatzbedingungen, die hier nicht interessieren, durch eine Angebotsveränderung, durch eine Änderung der Nachfrage oder durch eine, bestimmten quantitativen Relationen gehorchende Kombination aus beiden bewirkt wurde. Diese in jedem Fall zu beobachtenden Kausalbeziehungen lassen also die Aussage über die generelle Regelmäßigkeit (Preisbildungsgesetze) zu, daß eine Preiserhöhung kausal entweder durch eine Angebotsverringerung, eine Nachfrageausweitung oder schließlich eine gleichzeitige Kombination in einem bestimmten Verhältnis aus beiden bewirkt wird.

Die wissenschaftliche Wirtschaftspolitik verwendet nun in ihren Untersuchungen die erwähnten Gesetzmäßigkeiten der Wirtschaftstheorie — insofern ist ihre Charakterisierung als „angewandte" Wirtschaftstheorie vollkommen korrekt — wobei allerdings die veränderte Ausgangsfragestellung zu einer Umwandlung der Kausal- und Funktionalanalyse in eine *teleologische* Betrachtung zwingt. Der Ausgangspunkt der Wirtschaftspolitik ist ja nicht das gegebene *empirische Sein* der wirtschaftlichen Sachverhalte, von dem die Theorie ausgeht, sondern das *Sein-Sollen* bestimmter wirtschaftlicher Phänomene in der Zukunft. Dieses Sein-Sollen konkretisiert sich in entsprechenden *Zielsetzungen*, die eines bestimmten *Mitteleinsatzes* zu ihrer Realisierung bedürfen.

Die Hauptaufgabe der wissenschaftlichen Wirtschaftspolitik besteht nun darin, dieses Zweck-Mittelverhältnis zu untersuchen — die Geeignetheit der Mittel im Hinblick auf die Zielsetzungen in quantitativer, qualitativer, zeitlicher und sonstiger Hinsicht klarzulegen, d. h. die wissenschaftliche Wirtschaftspolitik ist vornehmlich — wenn auch nicht ausschließlich — *Zweck-Mittel-Analyse.* Diese Zweck-Mittel-Analyse ist im Prinzip eine Umkehrung der

Kausal- bzw. Funktionalanalyse. Bei dieser Umkehrung nehmen die Wirkungen, von denen die Theorie ausgeht, den Charakter von Zielsetzungen an, und die Ursachen dieser Wirkungen werden zu Mitteln, mit deren Hilfe die Zielsetzungen realisiert werden können.

Greifen wir zur Verdeutlichung dieser gedanklichen Transformation wieder auf unser Preisbeispiel zurück! Wirkung und Ursache waren hier die Preiserhöhung bzw. die zeitlich vorhergehende Nachfrage- und/oder Angebotsänderung. In der Zweck-Mittel-Analyse der Wirtschaftspolitik wird die Wirkung „Preissteigerung“ zur Zielsetzung und die Ursache „Nachfrage- und/oder Angebotsänderung“ zum Mittel erhoben.

Trotz seiner Einfachheit macht unser Beispiel die gedankliche Operation beim Übergang von der kausaltheoretischen Betrachtung der Wirtschaftstheorie zur teleologischen Betrachtungsweise der Wirtschaftspolitik im Prinzip klar. An dem Prinzip selbst ändert sich nichts, wenn wir von der Kausal- zur Funktionalanalyse übergehen und gleichzeitig entsprechend den Verhältnissen in der empirischen Wirklichkeit kompliziertere Kausalketten mit bedeutend mehr Gliedern als in unserem einfachen Preisbeispiel einführen. Welche Konsequenzen sich daraus für die wirtschaftspolitische Forschung ergeben, werden wir noch näher in den Abschnitten unserer Darstellung aufzeigen, in denen wir uns mit den Zielen und Mitteln ausführlich befassen. In unserem gegenwärtigen Zusammenhang können wir uns deshalb mit dieser Skizzierung im Prinzipiellen begnügen und wollen die Erörterung des Verhältnisses von Wirtschaftstheorie und Wirtschaftspolitik mit einem Hinweis abschließen, der ebenfalls methodologisch bedeutsam ist.

Wir sahen gerade, daß es der Theorie in erster Linie auf die Gewinnung genereller Erkenntnisse ankommt. So sind es etwa in der Preistheorie die Preisbildungsgesetze und die Erklärung des Preisbildungsmechanismus, die das Hauptinteresse des Untersuchenden beanspruchen. Zu diesem

Zweck konstruiert der Wissenschaftler unter Berücksichtigung einer Vielzahl von individuell-historischen Preisbildungsvorgängen ein bestimmtes *Marktmodell*, das nur noch die für *jeden* Preisbildungsprozeß wichtigen Einzelheiten enthält. Er abstrahiert also bei der Konstruktion dieses Modelles von den Umständen und Einzelheiten, die das Individuelle jedes der Vielzahl von beobachteten empirischen Preisbildungsprozessen ausmachen; er vereinfacht und reduziert mit der Intention auf Verallgemeinerung, so daß wir ein solches Modell auch als *Reduktionsmodell (Ritschl)* bezeichnen können. Technisch geschieht dies vorzugsweise durch die *Auswahl* der Bedingungen, denen der Modellmechanismus unterworfen wird. Die Aussagen und Erkenntnisse kausal- und funktionalanalytischer Natur gelten streng nur unter diesen Bedingungen.

Durch die Wirtschaftspolitik sollen nun aber — um bei dem Beispiel der Preisbildung zu bleiben — nicht die Modell-Preisbildung — sondern empirische und damit einmalig-individuelle Preisbildungsprozesse beeinflußt werden. Die Individualität dieser Preisbildungsprozesse der Wirklichkeit konkretisiert sich hauptsächlich in der vom Reduktionsmodell abweichenden Bedingungskonstellation, d. h. es treten zusätzliche Bedingungen hinzu, an die Stelle der Modellbedingungen treten andere oder sie sind nur annäherungsweise gegeben usw. Liegen solche Abweichungen vor, dann muß das generelle Reduktionsmodell umgeformt werden im Hinblick auf die jeweiligen, von Fall zu Fall sich wandelnden Bedingungen der empirischen Gegebenheiten. Das Modell muß an die Wirklichkeit angepaßt werden; es muß ein spezielles Modell konstruiert werden, und damit geht in aller Regel die Einengung der Allgemeingültigkeit der kausaltheoretischen Aussagen und Erkenntnisse einher. Wir bezeichnen dieses Verfahren der Anpassung des Modells an die Wirklichkeit als *„abnehmende Abstraktion"* und haben damit eine zweite wichtige Methode der Wirtschaftspolitik kennengelernt. Es liegt auf der Hand, daß die Zusammenarbeit zwischen

Wirtschaftstheoretikern und Wirtschaftspolitikern erleichtert wird, wenn die Abstraktion von der Theorie nicht weiter als notwendig und nur so betrieben wird, daß das Verfahren der „abnehmenden Abstraktion“ offen bleibt und damit die wirtschaftspolitische Anwendbarkeit der analytischen Sätze und Erkenntnisse, jedenfalls im Ansatz und in der Intention, gesichert ist.

2. Die Objektivität der wirtschaftspolitischen Aussage

2.1 Die Werturteilsproblematik

Wir stellten weiter oben fest, daß der Ausgangspunkt der wissenschaftlichen Wirtschaftspolitik ein „Sein-Sollen“ ist, während die Theorie das „Was ist“ zu erklären bestrebt ist. Mit dieser Intention der wissenschaftlichen Wirtschaftspolitik, Aussagen und Urteile über etwas abzugeben, *das sein soll*, erhebt sich eine wissenschaftstheoretisch überaus bedeutsame Frage, nämlich die nach der *Objektivität* und Wissenschaftlichkeit solcher Aussagen.

Eine Empfehlung darüber, ob etwas sein soll oder nicht sein soll, wird als ein *Werturteil* bezeichnet, und die Problematik, die sich damit für die Lehre von der Wirtschaftspolitik ergibt, ist präziser formuliert, die Vereinbarkeit der von der Wirtschaftspolitik zu fällenden Werturteile mit der Forderung nach Objektivität, d. h. der logischen und faktischen Wahrheit solcher Aussagen.

Diese Problematik ist in den Wirtschaftswissenschaften lange Zeit übersehen worden, d. h. bis in die Neuzeit sahen es die Wissenschaftler beinahe als ihre selbstverständliche Aufgabe an, Empfehlungen für die einzuschlagende Politik auf wirtschaftlichem Gebiet abzugeben. Demgemäß finden wir in allen Schulen und Richtungen der Nationalökonomie des 18. und 19. Jahrhunderts die Vermischung theoretischer Aussagen mit wirtschaftspolitischen Empfehlungen. Eine Änderung in dieser weitverbreiteten Haltung bahnte sich erst zu Beginn unseres Jahrhunderts an, verursacht durch Untersuchungen *Max Webers* und eine sich daran anschließende wissenschaftliche Kontroverse, die auch heute noch nicht ganz abgeschlossen ist, wenngleich sie viele wichtige Punkte klären konnte.

So führte beispielsweise die Diskussion zu einer Unterscheidung der Werturteile in solche, die auf der Basis *subjektiven* unreflektierten Meinens und Glaubens ausgesprochen werden; davon zu unterscheiden ist die zweite Variante, die auf einem ethisch-weltanschaulichen System beruht (*normative* Werturteile); hiervon wiederum sind abzugrenzen die *ontologischen* Werturteile, die aus einer *Wesensschau* des Wirtschaftens, d. h. aus der der Wirtschaft eigenen Finalität und Sachgemäßheit heraus, gefällt werden; als letzte sind schließlich diejenigen Werturteile (*teleologische* Werturteile) anzuführen, die über die Geeignetheit von Mitteln für die Erreichung bestimmter Ziele aussagen.

Prüfen wir diese Spielarten von Werturteilen etwas näher, so stellen wir fest, daß bei den drei ersten mit dem Werturteil notwendigerweise auch gleichzeitig eine Entscheidung zugunsten des anzustrebenden Zieles impliziert ist, während bei der letzten eine solche Entscheidung nicht notwendigerweise erforderlich ist. Zwar ist auch bei der letzterwähnten Variante von Werturteilen eine Aussage im Sinne von „gut" oder „schlecht" bzw. „besser" oder „schlechter" erforderlich; aber im Gegensatz zu den drei ersten Spielarten von Werturteilen muß sich im letzteren Fall diese wertende Aussage nicht auf die Zielsetzungen selbst beziehen, d. h. die Zielsetzungen müssen nicht i. S. von „schlechter" oder „besser" gewertet werden. Wir haben ja weiter oben bereits erfahren, daß die teleologische Betrachtungsweise nichts weiter als die *Umkehrform* der kausal- und funktionaltheoretischen Betrachtung ist. Die Objektivität teleologischer Urteile ist demzufolge im Prinzip eine Funktion der theoretischen Aussagen, die in das Zweck-Mittel-Urteil eingehen. Da weiterhin theoretische Aussagen, d. h. Aussagen über das, was ist, grundsätzlich objektiv gefällt werden können, ist wegen dieses methodologischen Beziehungszusammenhangs zwischen theoretischen und teleologischen Aussagen auch die Möglichkeit zur Fällung teleologischer Urteile objektiven Charakters *im Prinzip* gegeben.

Das Werturteilsproblem tritt also vorzugsweise bei den drei Werturteilen der ersten Gruppe auf, und hier hat die wissenschaftliche Diskussion Einheitlichkeit der Auffassung bezüglich der beiden ersten Varianten dahingehend gezeitigt, daß ihnen Verbindlichkeit und Objektivität abgeht. Geteilt sind die Meinungen nur noch hinsichtlich des ontologischen Werturteils, dessen Objektivität von der Mehrheit der Wissenschaftler verneint wird, während eine Minderheit sie bejaht. Wir selbst schließen uns dem Standpunkt der ersten an. Der Grund für unsere Ablehnung des ontologischen Werturteils liegt nicht daran, daß wir die Möglichkeit der Objektivität jeder ontologischen Betrachtung der Wirtschaft rundweg ablehnen. Soweit sie Aussagen über das, was ist, wenn auch in einer auf das „Wesentliche" beschränkten Sicht fällt, kann ihr die Möglichkeit zur Gewinnung objektiver Aussagen, auch hinsichtlich der Ziele, nicht a priori bestritten werden. Da jedoch das ontologische Werturteil ohne einen Schluß aus dem was ist, auf das, was sein soll, nicht auskommt, d. h. auch Aussagen über die der Wirtschaft „wesensgemäßen" Ziele trifft, die *wegen* dieser Wesensgemäßheit durch die Wirtschaftspolitik anzustreben sind, muß seine Objektivität bezweifelt werden. Nach dem gegenwärtigen Stand unserer erkenntnistheoretischen Einsichten jedenfalls ist der Schluß von dem, was ist, auf das, was sein soll, nicht möglich, wenn die Aussage objektiv und allgemeinverbindlich sein soll.

Das besagt nun nicht, daß die wissenschaftliche Wirtschaftspolitik zur Zielproblematik überhaupt nicht Stellung nehmen und wichtige Beiträge liefern könnte. Wir selbst haben der Zielproblematik in unserer Darstellung einen besonderen Abschnitt zugewiesen und können uns daher im gegenwärtigen Zusammenhang mit diesem Hinweis begnügen. Auf jeden Fall bleibt dem Wissenschaftler die Möglichkeit, als *Staatsbürger* wie jeder andere zu den Zielen der Wirtschaftspolitik kritisch oder zustimmend Stellung zu beziehen, und er darf erwarten, daß seinem Urteil als Sachverständigem besonderes Gewicht zugemessen wird.

Außerdem besteht für ihn die Möglichkeit, bestimmte, wenige Zielsetzungen als die obersten zu berücksichtigenden Werte *bekenntnismäßig* einzuführen (Wertaxiome), um dann auf der Grundlage dieser Axiome objektiv und allgemeinverbindlich seine Lehre von der Wirtschaftspolitik zu entwickeln. Diese beiden Möglichkeiten sind auch von erheblicher wirtschaftspolitischer Bedeutung; denn würden sie dem Wissenschaftler abgesprochen, so wäre dem wissenschaftlichen Wirtschaftspolitiker jedwede wertende Stellungnahme zu den zentralen und obersten Zielsetzungen der Wirtschaftspolitik verbaut. Welche Zielsetzungen auch immer von den zuständigen Organen gesetzt würden, die wissenschaftliche Wirtschaftspolitik hätte sie als gegeben zu akzeptieren und ihre Aufgabe würde sich darin erschöpfen, dem jeweiligen politischen Regime das wissenschaftlich erarbeitete Instrumentarium zu liefern, mit dessen Hilfe die Ziele zu erreichen sind. Die große Gefahr dieses Zustandes bestände darin, daß die Wissenschaft zum willfährigen, weil wertneutralen, Werkzeug jedes beliebigen politischen Systems werden würde.

Eine solche Indifferenz der Wissenschaft gegenüber dem Gebrauch, der von ihren wissenschaftlichen Erkenntnissen gemacht wird, kann der wissenschaftliche Wirtschaftspolitiker der Gegenwart umso weniger zu seiner Grundhaltung machen, als nach den politischen Erfahrungen der letzten Dezennien und insbesondere nach der Verwendung neuer naturwissenschaftlicher Erkenntnisse für Zwecke der Massenvernichtung sich das Problem der sittlichen und moralischen Verantwortung des Wissenschaftlers auch bei seinem ausschließlich auf Wahrheitsfindung ausgerichteten Bemühen in aller nur denkbaren Schärfe gestellt hat. Umso bedeutsamer sind daher die aufgezeigten Möglichkeiten für den wissenschaftlichen Wirtschaftspolitiker der Gegenwart, zu den Zielsetzungen der Wirtschaftspolitik Stellung zu beziehen. Verbieten ihm die politischen Verhältnisse eine solche *offene* Stellungnahme, so verbleibt ihm als letzter Ausweg nur, seine wissenschaftliche Arbeit ganz einzustellen oder auf ein Gebiet zu verlegen, das keine oder nur geringe Anwendungsmöglichkeiten für die praktische Wirtschaftspolitik bietet, sofern er die jeweiligen Zielsetzungen der praktischen Wirtschaftspolitik ablehnen muß.

Unsere letzten Ausführungen sollten klar gemacht haben, daß dem wissenschaftlichen Wirtschaftspolitiker auch nicht immer die beiden weiteren Verfahren offen stehen, das Bezugssystem zu gewinnen, von dem er zwecks Gewinnung wirtschaftspolitischer Aussagen ausgehen kann. Es handelt sich dabei einmal um die *hypothetische* Methode, d. h. die hypothetische Unterstellung bestimmter oberster wirtschaftspolitischer Zielsetzungen, und zum anderen um die Methode des *„fremdbestimmten"* Wertsystems. Im letzteren Falle übernimmt der Wirtschaftspolitiker zustimmend die jeweils gegebenen obersten Zielsetzungen der Wirtschaftspolitik, so wie sie von den für die politische Willensbildung zuständigen Organen fixiert worden sind bzw. unter Berufung auf die „öffentliche Meinung".

Damit sind allerdings die Aufgaben, die dem wissenschaftlichen Wirtschaftspolitiker hinsichtlich der Zielproblematik gestellt sind, keineswegs erschöpft. Eine für die praktische Wirtschaftspolitik in der Massendemokratie nicht unwichtige Rolle fällt ihm beispielsweise bei der Interpretation *unklarer* und *mehrdeutiger* Zielformulierungen zu, die die Träger der Wirtschaftspolitik gewählt haben. Solche Unzulänglichkeiten in der Zielformulierung stellen die Rationalität und Effizienz der Wirtschaftspolitik infrage und sind nicht selten auf den kompromißbehafteten Charakter der Politik in einer Demokratie zurückzuführen. Die Rücksichtnahme auf die differierenden Interessen der an der Formulierung der Wirtschaftspolitik direkt oder indirekt beteiligten Gruppen in einer freiheitlichen Gesellschaft erfordert solche Kompromisse, und erfahrungsgemäß erleichtern bei Interessengegensätzen allgemein gehaltene Formulierungen das Zustandekommen solcher Kompromisse. Die damit gegebene Mehrdeutigkeit der Zielformulierung belastet die praktische Wirtschaftspolitik mit einer nicht unbeachtlichen Hypothek, und die wissenschaftliche Wirtschaftspolitik kann hier klärend eingreifen.

Eine ähnliche Rolle fällt ihr bei der *Demaskierung* von Zielformulierungen zu, mit welcher die Interessengruppen in einer pluralistischen Gesellschaft nicht selten die Interessengebundenheit der von ihnen vertretenen Zielsetzungen der Wirtschaftspolitik zu verschleiern suchen. Die positive Haltung der öffentlichen Meinung gegenüber den Begriffen wie Allgemeinwohl, Gesamtinteresse usw. legt es ihnen nahe, solchen interessengebundenen Zielsetzungen den Anstrich eben dieses „Allgemeinwohls" oder des „Gesamtinteresses" zu geben oder sie doch jedenfalls als dem Allgemeinwohl förderlich auszugeben. Wegen der erheblichen Schwierigkeiten, die auch die wirtschaftspolitische Analyse stellt, ist es dem Laien häufig nicht möglich, diese Demaskierung selbst vorzunehmen, so daß dem geschulten Wirtschaftswissenchaftler diese *Informationsfunktion* hinsichtlich der Zielproblematik gegenüber der Öffentlichkeit zufällt.

Weitgehend informativer Natur ist schließlich auch die letzte Aufgabe des wissenschaftlichen Wirtschaftspolitikers, die wir in Zusammenhang mit den Zielen der Wirtschaftspolitik erwähnen wollen. Es handelt sich dabei um die Untersuchung der *Vereinbarkeit der Ziele,* die jeweils von den Trägern der Wirtschaftspolitik verfolgt werden. In aller Regel wird durch die praktische Wirtschaftspolitik nicht ein einziges, sondern eine Vielzahl von Zielen angestrebt. Das Spezialproblem, das sich bei einer solchen Vielzahl von Zielen stellt, ist das ihrer logischen und/oder faktischen Vereinbarkeit bzw. des *Grades* ihrer Vereinbarkeit (oder Nichtvereinbarkeit). Aussagen über die faktische Vereinbarkeit einer Mehrzahl von Zielen setzen Aussagen über die zu *erwartenden* Wirkungen wirtschaftspolitischer Maßnahmen sowie Untersuchungen über das Zweck-Mittel-Verhältnis, d. h. die teleologische Analyse, voraus, die wegen der häufig zu beobachtenden vielfältigen Wirkungen einer bestimmten Maßnahme und ihrer Geeignetheit für die Erreichung mehrerer Ziele ein höchst schwieriges Geschäft sein kann.

2.2 Wertneutralität und Objektivität der teleologischen Aussage

Die Übernahme „gegebener“ Zielsetzungen ist zweifelsohne das für den auf Objektivität und Wertneutralität seiner Aussagen bedachten Wirtschaftspolitiker das günstigste, sofern er die Verantwortung auch für den Gebrauch seiner Untersuchungsergebnisse für die praktische Wirtschaftspolitik anerkennt und die Zielsetzungen akzeptieren kann. Nach überwiegender Meinung der Wissenschaftler ist dann entsprechend der bereits von *Max Weber* geäußerten Ansicht die weitere wirtschaftspolitische Analyse vollkommen objektiv und wertneutral durchführbar, sofern hierbei nur teleologische Urteile zu fällen sind.

Allerdings haben die Ergebnisse der modernen *Welfare-Theorie* Zweifel an der Richtigkeit dieser bisher als gesichert geltenden Auffassung aufkommen lassen, auf die wir hinzuweisen haben. Diese Welfare-Theorie ist im angelsächsischen Sprachbereich im Anschluß an Untersuchungen von *Pigou* sowie Beiträgen weiterer Wissenschaftler entwickelt worden. Die Zielsetzung dieser Welfare-Theorie ist insofern ausgesprochen *wirtschaftspolitischer* Natur, als sie die Sätze und Erkenntnisse der Wirtschaftstheorie im teleologischen Sinne dermaßen umformt und modifiziert, daß sie einen Satz von *Bedingungen für die zweckmäßigste Organisation von Tausch und Produktion* ergeben, deren Erfüllung das gesellschaftliche Nutzenmaximum garantiert. Dieses gesellschaftliche Nutzenmaximum wird dabei als die Summe des ökonomischen Wohlstandes aller Individuen (auch als Welfare-Funktion bezeichnet) aufgefaßt und gilt als erreicht, wenn *der ökonomische Wohlstand zumindest eines Individuums nicht mehr weiter durch wirtschaftspolitische Maßnahmen verbessert werden kann, ohne gleichzeitig den wirtschaftlichen Wohlstand eines anderen Individuums zu verschlechtern.* Die Erfüllung der erwähnten speziellen Welfare-Bedingungen sichert das Vorliegen dieser allgemeinen Bedingung, und die Aufgabe der Wirtschaftspolitik ist es dementsprechend, dafür zu sorgen, daß diese Bedingungen erfüllt werden bzw. doch nicht mehr als notwendig verletzt werden.

In ihrer modernen Variante ist diese Wohlstandstheorie von dem Bemühen bestimmt, zu *wertfreien* Aussagen zu gelangen, nachdem man erkannt hatte, daß ihre ältere Fassung Werturteile implizierte. Die oben erwähnten Welfare-Bedingungen, einschließlich der generellen Bedingung für das gesellschaftliche Nutzenmaximum, sind Ergebnisse dieses Bemühens. Leider hat jedoch die Kritik ergeben, daß dieser von großem Ernst getragenen Neuorientierung der Welfare-Theorie kein voller Erfolg beschieden war, wenngleich auch die wertaxiomatischen Prämissen auf ein Mindestmaß reduziert werden konnten: auf die beiden Wertaxiome nämlich, daß der Tausch zwischen Wirtschaftssubjekten besser sei als jede andere Form der Güter- und Leistungsbeschaffung und daß die Wirtschaftssubjekte diejenigen Güter und Leistungen für ihre Bedürfnisbefriedigung haben sollten, die sie selbst wünschen.

Es erscheint mehr als fraglich, daß die Welfare-Theorie je ohne diese beiden Prämissen auskommen könnte; auf der anderen Seite sind sie jedoch materiell so wenig anspruchsvoll, daß sie nahezu von allen Individuen, welche Wertvorstellungen mit welcher Rangordnung sie auch immer hegen mögen, akzeptiert werden könnten und damit der Rekurs auf „allgemeingültige“, gegebene Wertvorstellungen für die Welfare-Theorie möglich wird. Die genannten Prämissen könnten demzufolge als „fremdbestimmte“ Wertaxiome mit hohem Allgemeingültigkeitscharakter eingeführt werden, womit insoweit die Wertneutralität der Analyse des Untersuchenden sichergestellt wäre.

Das wiederum würde bedeuten, daß der Wissenschaftler objektive Empfehlungen über wirtschaftspolitische Maßnahmen für den Fall abgeben kann, daß der wirtschaftliche Wohlstand zumindest eines Individuums verbessert wird, ohne daß gleichzeitig derjenige eines anderen verschlechtert wird. Leider ist dieser Fall jedoch von einer solchen Seltenheit, daß er für die praktische Wirtschaftspolitik irrelevant ist. Bei nahezu jeder wirtschaftspolitischen Maßnahme treten nämlich neben den positiven Wohlstandseffekten für einige Individuen negative Wohlstandseffekte für andere mit auf. Man hat deshalb versucht, die Definition für das gesellschaftliche Wohlstandsmaximum so zu erweitern (Reder, Scitovsky, Little u.a.m.), daß auch diese Fälle berücksichtigt werden können. Das Ergebnis war zwar eine theoretisch zufriedenstellende Lösung; für die praktische Wirtschaftspolitik jedoch war sie uninteressant, weil die Definition durch die Erweiterung zu stark an Praktikabilität einbüßte.

Der Hauptgrund für ihre unzulängliche Anwendungsmöglichkeit liegt in dem *Einkommensumverteilungseffekt*, den nahezu alle wirtschaftspolitischen Maßnahmen neben ihrem *Produktivitätseffekt* haben. Einkommensumverteilungen bedeuten, daß als Folge der wirtschaftspolitischen Maßnahmen das Einkommen einiger Wirtschaftssubjekte absolut oder relativ sinkt und das anderer steigt. Der Einkommensminderung des einen Teils entspricht eine Wohlstandsminderung, während die Einkommenserhöhung für den anderen Teil Wohlstandszuwachs bedeutet. Um also den *Netto-Wohlstandseffekt* einer Einkommensumverteilung ordinal oder kardinal zu bestimmen, müßte die aus einer Einkommensveränderung resultierende Wohlstandsveränderung bei verschiedenen Wirtschaftssubjekten gemessen werden. Leider ist es der Wissenschaft trotz intensiver Bemühungen bis heute nicht gelungen, diesen „interpersonellen Nutzenvergleich“ in dem angedeuteten Sinne durchzuführen, so daß bisher ein objektives Urteil über den gesellschaftlichen Wohlstandseffekt einer wirtschaftspolitischen Maßnahme, der ja eine *Kombination* aus Produktivitäts- und Einkommensumverteilungseffekt darstellt, nicht möglich ist.

Jede Aussage über die Einkommensverteilung ist angesichts der Unmöglichkeit eines objektiven interpersonalen Nutzenvergleichs ein Werturteil. Da ferner fast jede wirtschaftspolitische Maßnahme einen Einkommensumverteilungseffekt impliziert, muß deshalb nahezu jede wirtschaftspolitische Aussage des Wissenschaftlers werturteilsbehaftet sein. Auch der Wissenschaftler also, der eine Empfehlung für eine Maßnahme mit positivem Produktivitätseffekt, gibt oder unter Beschränkung auf die rein teleologische Aussage eine Maßnahme befürwortet, empfiehlt damit auch gleichzeitig implicite die mit dieser Maßnahme einhergehende Einkommensumverteilung. Dieser Sachverhalt ist der Grund dafür, daß Zweifel an der Objektivität auch teleologischer Werturteile angemeldet werden müssen.

Der einzige und leider nicht voll befriedigende Ausweg aus diesem Dilemma ist die *ausdrückliche* Beschränkung der teleologischen Aussage auf den Produktivitätseffekt möglicher wirtschaftspolitischer Maßnahmen bei gleichzeitigem Hinweis auf den mit der Maßnahme verbundenen Einkommenseffekt. Dieser letzte Hinweis ist rein informatorischer Natur und sollte so präzise wie möglich gegeben werden. Der Wissenschaftler kann sich damit auf ein objektives Urteil zurückziehen, weil nur der Produktivitätseffekt in Frage steht, und überläßt das Urteil über den Einkommensumverteilungseffekt den für die politische Entscheidung zuständigen Stellen. Gleichzeitig liefert er diesen „Trägern" der Wirtschaftspolitik die notwendigen Informationen hinsichtlich des Urteils in Sachen der Einkommensverteilung. Falls die mit dieser Einschränkung von der Wissenschaft empfohlenen wirtschaftspolitischen Maßnahmen zu Einkommensumverteilungen führen, die nicht den Vorstellungen der zuständigen Gremien über die „richtige" Einkommensverteilung entsprechen, kann ja die Einkommensverteilung nach oder gleichzeitig mit der Maßnahme durch Einkommensübertragungen (vorzugsweise über den öffentlichen Haushalt) korrigiert werden.

Mit diesem Verfahren ist die Objektivität der wissenschaftlichen Aussage in höchstmöglichem Maße gesichert, wenn auch nicht alle Schwierigkeiten gänzlich ausgeräumt werden können. Die angedeuteten Unzulänglichkeiten bestehen darin, daß die erwähnten Produktions- und Tauschbedingungen zwar für jede beliebige Einkommensverteilung Gültigkeit haben, daß aber die jeweilige Einkommensverteilung das *materielle* Ergebnis, das der Produktions- und

Tauschprozeß bei Erfüllung der Bedingungen hervorbringt, von Fall zu Fall variiert. Welche Güter, in welchen Mengen bzw. in welchen Qualitäten produziert und wie diese Güter auf die einzelnen Wirtschaftssubjekte aufgeteilt werden sollen, wird sowohl durch die Welfare-Bedingungen als auch durch die jeweilige Einkommensverteilung bestimmt. Das materielle Ergebnis des diesen Bedingungen unterworfenen gesellschaftlichen Produktions- und Tauschprozesses ist m.a.W. unter dem Gesichtspunkt des gesellschaftlichen Wohlstandes nur optimal im Hinblick auf die jeweilige Einkommensverteilung. Wird diese Einkommensverteilung nachträglich korrigiert, dann ist die für das Wohlstandsmaximum erforderliche Kongruenz zwischen Einkommensverteilung und qualitativen sowie quantitativen Ergebnissen des Produktions- und Tauschprozesses nicht mehr gegeben.

3. Die Träger der Wirtschaftspolitik

3.1 Phasen und Subjekte der Wirtschaftspolitik

Wir haben in unseren Ausführungen bisher mehrfach den Begriff des „Trägers" der Wirtschaftspolitik benutzt, ohne des näheren darauf einzugehen, was wir darunter zu verstehen haben. Wir wollen uns nun dieser Aufgabe unterziehen, bei welcher Gelegenheit wir auch auf die weiteren, mit dieser Problemstellung zusammenhängenden Fragen eingehen können.

Mit Trägern der Wirtschaftspolitik — zuweilen auch als *Subjekte der* Wirtschaftspolitik bezeichnet — wollen wir das oder die Organe bezeichnen, die wirtschaftspolitische Aktivität entwickeln, d. h. wirtschaftspolitische Maßnahmen in dem weiter oben entwickelten Sinne ergreifen und zur Durchführung bringen. Um Mißverständnisse zu vermeiden, sei gleich hinzugefügt, daß die jeweiligen wirtschaftspolitischen Organe nicht selbst die von ihnen beschlossenen Maßnahmen *durchführen* müssen, sondern daß andere Stellen und Organationen mit ihrer Durchführung beauftragt werden können. Auch in Sachen der Wirtschaftspolitik gilt das Prinzip der Arbeitsteilung!

Solche Organisationen und Institutionen, die wirtschaftspolitische Maßnahmen auf Weisung oder Veranlassung anderer durchzuführen haben, rechnen wir *nicht* zu den Trägern der Wirtschaftspolitik. Sie sind nichts weiter als Hilfseinrichtungen und Hilfsagenturen, deren sich die Träger der Wirtschaftspolitik zwecks Durchführung der Wirtschaftspolitik bedienen. Haben sie keinerlei Ermessensspielraum bei der Durchführung, so betätigen sie sich ausschließlich in derjenigen Phase der Wirtschaftspolitik, die wir im Anschluß an die von *Tinbergen* vorgeschlagene Phaseneinteilung der Wirtschaftspolitik als die Phase der *Durchführung* (und Überwachung) bezeichnen wollen.

Solcher Hilfseinrichtungen und Hilfsorgane können sich die Träger der Wirtschaftspolitik auch in einer anderen Phase der Wirtschaftspolitik, die wir wiederum mit *Tinbergen* als die *Planungsphase* bezeichnen wollen, bedienen. Zeitlich geht sie der gerade erwähnten Phase, wie auch der weiter unten zu behandelnden *Entscheidungsphase*, voraus. Wie wir noch im weiteren Verlauf der Darstellung sehen werden, kann auch und insbesondere die wissenschaftliche Wirtschaftspolitik gerade in diesem Stadium der Wirtschaftspolitik wertvolle Hilfestellung leisten.

Verbleibt als letzte die *Entscheidungsphase*, und sie ist das eigentliche Betätigungsfeld für die Träger der Wirtschaftspolitik. Für die Beantwortung der Frage, wer konkret Träger der Wirtschaftspolitik ist, stellen wir also auf die *Entscheidungsgewalt* ab: dasjenige Organ, das *faktisch* die Entscheidungen über die zu treffenden wirtschaftspolitischen Maßnahmen fällt, ist das agierende Subjekt in der Wirtschaftspolitik. Trägerschaft in der Wirtschaftspolitik bedeutet somit *Entscheidungsträgerschaft*, wobei wir das Fällen von wirtschaftspolitischen Entscheidungen als konstitutives Element für den Begriff des Trägers ansehen. Ob und inwieweit die Entscheidungen fällenden Organe in der vor- und nachgelagerten Phase der Planung und Durchführung selbst tätig werden, ist von durchaus sekundärer Bedeutung und akzidenteller Natur.

Entscheidungen fällen heißt in diesem Zusammenhang, eine wirtschaftspolitische Maßnahme oder Kombination von Maßnahmen *auszulösen* und insofern auch wirtschaftspolitisch zu *handeln*. Letzteres impliziert, daß die Absicht besteht, die beschlossenen Maßnahmen auch tatsächlich zur Ausführung zu bringen und daß der Träger der Wirtschaftspolitik über die *Macht* verfügt, die Maßnahmen durchzuführen bzw. durchführen zu lassen. Entscheidungen, bei denen diese Voraussetzungen fehlen, tragen rein deklamatorischen Charakter, lösen deshalb keine wirtschaftspolitischen Maßnahmen aus und zählen daher in diesem Zusammenhang nicht. Selbst wenn das Gremium, das solche Entscheidungen fällt, dabei im Rahmen seiner Kompetenzen handelt, bleiben sie trotzdem für die uns hier interessierenden Fragen unberücksichtigt. Für die Frage nach den Trägern der Wirtschaftspolitik interessiert m.a.W. nicht in erster Linie die formelle Kompetenzverteilung, sondern die faktischen Machtverhältnisse. Wer also *faktisch* wirtschaftspolitische Entscheidungen fällt und in der Lage ist, solche Entscheidungen durchzusetzen, ist Träger der Wirtschaftspolitik.

Faktische und formelle Zuständigkeit können zusammenfallen und werden dies unter geordneten staatlichen und politischen Verhältnissen in der Regel auch tun. Wenn sie aber auseinanderfallen, so deshalb, weil dem formellen Träger der Wirtschaftspolitik die Fähigkeit abgeht, seine von ihm beschlossenen Maßnahmen auch durchzusetzen. In diesem Zusammenhang ist auf das vielschichtige Phänomen der *Macht* und der Machtverteilung hinzuweisen, das seine nicht zu übersehende Rolle auch bei der Frage nach den Trägern der Wirtschaftspolitik spielt, worauf mit besonderem Nachdruck *Seraphim* aufmerksam gemacht hat.

Konzipieren wir im Anschluß an die oben erwähnte Phaseneinteilung die wirtschaftspolitische Aktivität als die Summe aller Maßnahmen im Planungs-, Entscheidungs- und Durchführungsstadium der Wirtschaftspolitik, dann wird deutlich, daß bei der Vielzahl von wirtschaftspolitischen Maßnahmen, die in einer hochentwickelten Wirtschaftsgesellschaft laufend ergriffen werden müssen, eine komplizierte Apparatur von Organen und Agenturen notwendig ist, um eine möglichst erfolgreiche Wirtschaftspolitik betreiben zu können. Es versteht sich von selbst, daß die Tätigkeit dieser Organe *zeitlich* und *sachlich koordiniert* werden muß; die genannten Phasen der Wirtschaftspolitik gehen ja in der Realität vielfach ineinander über und stehen in einem Wirkungszusammenhang, was Beeinflussung und Gegenbeeinflussungen impliziert. Es sollte weiterhin klar sein, daß die qualitativ unterschiedlichen Tätigkeitsgebiete und Funktionsvollzüge in den genannten Phasen der Wirtschaftspolitik unterschiedlich gegliederte und mit der für die jeweiligen Funktionen geeigneten sachlichen und personellen Ausstattung versehene Organe erfordern.

Die erwähnte Phaseneinteilung der Wirtschaftspolitik gestattet uns eine weitere wichtige Unterscheidung, nämlich die zwischen wirtschaftspolitischer und die Wirtschaftspolitik *beeinflussender* Aktivität. Im Alltagssprachgebrauch wird die letztere Aktivität häufig auch als Wirtschaftspolitik bezeichnet. So beispielsweise, wenn Gruppen, Organisationen, Verbände usw. mit den verschiedensten Medien und über die verschiedensten Kanäle die Entscheidungen der Träger der Wirtschaftspolitik über die zu treffenden wirtschaftspolitischen Maßnahmen in der einen oder anderen Richtung hin zu beeinflussen versuchen. Im Sprachgebrauch ist dann von der „Wirtschaftspolitik" des Verbandes, der Gruppe, der Organisation usw. die Rede. Wir wollen nicht übersehen, daß in der modernen pluralistischen Massengesellschaft diese Beeinflussungen für den Kurs der praktischen Wirtschaftspolitik von erheblicher Bedeutung sind. Zwecks Vermeidung von Mißverständnissen wollen wir in unserer Darstellung diese beeinflussende Aktivität selbst nicht als Wirtschaftspolitik bezeichnen. Hauptansatzpunkt für solche Beeinflussungen ist die Entscheidungsphase der Wirtschaftspolitik und damit die Einflußnahme auf den Entscheidungsträger selbst; daneben wird aber auch die *indirekte* Einflußnahme auf den Entscheidungsträger durch Beeinflussung der wirtschaftspolitischen Aktivität insbesondere in der Planungsphase praktiziert.

3.2 Entscheidungsträgerschaft in zentralisierten und dezentralisierten wirtschaftspolitischen Systemen

Wir führten gerade aus, daß die wirtschaftspolitische Aktivität hinsichtlich des Phasenablaufs koordiniert werden muß. Eine für die Effizienz der praktischen Wirtschaftspolitik noch wichtigere Koordination, nämlich die der *Entscheidungen* über wirtschaftspolitische Maßnahmen oder Programme, wird erforderlich, wenn in einer Wirtschaftsgesellschaft eine *Mehrzahl* von Trägern der Wirtschaftspolitik gleichzeitig tätig ist.

Die Betrachtung der Empirie zeigt uns, daß diese Situation in aller Regel in einer modernen Wirtschaftsgesellschaft vorliegt, wenngleich wir uns theoretisch auch den Fall vorstellen können, daß nur ein einziger Träger der Wirtschaftspolitik vorhanden ist. Wir wollen den letzteren Zustand als ein *zentralisiertes* wirtschaftspolitisches System in Konstrastierung zur *Dezentralisierung* bezeichnen, die bei einer *Mehrzahl* von Trägern der Wirtschaftspolitik vorliegt.

Ob das eine oder andere System gegeben ist, hängt maßgeblich von der Gesellschaftsordnung, insbesondere von der dieser Gesellschaftsordnung zugeordneten Staatsordnung (Demokratie, Diktatur; Bundesstaat, Einheitsstaat) sowie Wirtschaftsordnung (Zentralverwaltungswirtschaft, Marktwirtschaft) ab. Wir können die mit diesem Hinweis angezogene vielschichtige Problematik hier nicht weiter behandeln; erwähnt sei deshalb nur der für unser Thema wichtige Sachverhalt, daß in der Realität keine strenge Korrespondenz zwischen dem wirtschaftspolitischen System einerseits und der Staats- und Gesellschaftordnung andererseits zu beobachten ist. Auch in Diktaturen mit überwiegend zentralverwaltungswirtschaftlichen Ordnungen tritt in der Realität eine Mehrzahl von Trägern der Wirtschaftspolitik gleichzeitig auf. Der Hauptgrund für die Existenz einer Mehrzahl von Trägern der Wirtschaftspolitik auch in Diktaturen in der Empirie, die dem Zentralismus des Modells nicht entspricht, liegt in dem Zwang zur *Delegation* von wirtschaftspolitischer Entscheidungsträgerschaft auf andere Organe in solchen Fällen, wo spezifische Erfahrungen, regionale Bedingungen usw. für die Rationalität und Effizienz der Wirtschaftspolitik von überragender Bedeutung sind.

Es versteht sich von selbst, daß in weniger zentralisierten Staatsformen und Wirtschaftsordnungen diese Pluralität von Trägern der Wirtschaftspolitik erst recht zu beobachten ist, so daß wir mit gutem Grund diese Situation als den Regelfall bezeichnet haben. Von größerer Wichtigkeit und Aktualität für unsere Untersuchung als das Zentralisationsproblem ist daher das *Zuordnungsverhältnis* der Träger der Wirtschaftspolitik. In der Realität treffen wir hinsichtlich dieser Zuordnung sowohl das gleichrangige *Nebeneinander* wie auch die rangverschiedene *Über- und Unterordnung* an. Ein illustratives Beispiel für das erstgenannte Verhältnis des Nebeneinander ist die Beziehung zwischen Zentralnotenbank und Staat in vielen Ländern, in denen die Regierung keine Weisungsbefugnis gegenüber der Zentralnotenbank hat. Anders dagegen im Falle der untergeordneten Verwaltungsbehörden, die innerhalb eines *Ermessensspielraumes*, der von der Zentrale festgelegt wird oder nur für wirtschaftspolitische Aufgaben, die die Zentrale delegiert hat, als Träger der Wirtschaftspolitik fungieren. Wir wollen in diesem letzten Fall, wo Weisungsbefugnis, Aufsichtsrecht und dergl. bestimmter Träger der Wirtschaftspolitik gegenüber anderen Trägern vorliegt, von einem *obersten* Träger und *nachgeordneten* Trägern der Wirtschaftspohlitik sprechen. Ein besonders illustratives Beispiel für die *Delegation* von wirtschaftspolitischer Entscheidungsträgerschaft sind die vielen Selbstverwaltungskörperschaften in der Bundesrepublik, wie Handwerks-, Landwirtschafts-, Industrie- und Handelskammern u.a.m. Für den anderen Fall der Entscheidungsträgerschaft auf der

Grundlage und innerhalb der Grenzen eines *Ermessensspielraumes,* der der Exekutive vom obersten Träger der Wirtschaftspolitik eingeräumt wird, vermag die zuweilen erhebliche Verordnungsgesetzgebungstätigkeit der Wirtschaftsministerien als Beispiel dienen. Ergänzend kann schließlich bezüglich der Dezentralisation der Entscheidungsträgerschaft auf die Verhältnisse in Bundesstaaten hingewiesen werden, wo durch *Verfassung* den Gliedstaaten ein mehr oder weniger großes Betätigungsfeld für wirtschaftspolitische Entscheidungen bei mehr oder weniger großer Koordinationsbefugnis des Oberstaates eingeräumt wird.

Eine Unterscheidung auf einer anderen Ebene ist die zwischen *öffentlichen* und *privaten* Subjekten der Wirtschaftspolitik. In dieser Gegenüberstellung liegt ein wichtiger *qualitativer* Unterschied bezüglich der Träger der Wirtschaftspolitik. Die Gebiets- und Selbstverwaltungskörperschaften, die wir der ersteren Gruppe zurechnen, können sich nämlich zwecks Durchsetzung der von ihnen beschlossenen Maßnahmen der *öffentlichen Gewalt* bedienen, während den privaten Trägern der Wirtschaftspolitik, wie etwa den wirtschaftspolitischen Verbänden, diese Möglichkeit nicht offensteht. Sie können sich daher nur auf ihre Macht stützen, über die sie verfügen, um Planaufstellung und Planvollzug von Wirtschaftssubjekten durch wirtschaftspolitische Maßnahmen in Form von Erklärungen, Informationen, Drohungen usw. zu beeinflussen. Eine Sondergruppe innerhalb der Kategorie der öffentlichen Träger der Wirtschaftspolitik bilden die super- und supranationalen Träger der Wirtschaftspolitik, wie etwa die Hohe Behörde der Montanunion, die EWG (Europäische Wirtschaftsgemeinschaft), die EFTA (Europäische Freihandelsgemeinschaft) und andere Einrichtungen dieser oder ähnlicher Art in Staatengemeinschaften. Wir behandeln sie deshalb als Sondergruppe, weil die einzelnen Organe mit sehr unterschiedlichen Kompetenzen und Befugnissen gegenüber den nationalen Trägern der Wirtschaftspolitik ausgestattet sind und sich in der Regel nur innerhalb eng begrenzter Sachbereiche der Wirtschaftspolitik betätigen. Zuweilen fungieren sie auch nur als *Koordinationsinstanzen* für die wirtschaftspolitische Aktivität der nationalen Träger der Wirtschaftspolitik. Soweit es sich um eine rein beratende oder unverbindlich empfehlende Tätigkeit handelt, zählen wir die übernationalen Einrichtungen nicht zu den Trägern der Wirtschaftspolitik, was in gleicher Weise auch für die zwischenstaatlichen Wirtschafts- und Handelsorganisationen zutrifft, die sich der Vorbereitung und dem Abschluß zwischenstaatlicher Wirtschafts- und Handelsabkommen widmen (GATT, Internationaler Währungsfonds u.ä.m.).

Eine letzte Differenzierung schließlich, die wir hinsichtlich der Träger der Wirtschaftspolitik vornehmen wollen, ist die zwischen *gesamtwirtschaftlichen* und *gliedwirtschaftlichen* Trägern der Wirtschaftspolitik (regional, sektoral). Die Träger der ersten Kategorie sind zuständig für diejenigen wirtschaftspolitischen Maßnahmen, die den Gesamtorganismus der Volkswirtschaft betreffen, während das engere Tätigkeitsfeld der letzten auf einen *Ausschnitt* der Gesamtwirtschaft beschränkt ist. Ein Beispiel für die erste Kategorie ist wiederum die Zentralnotenbank, für die zweite die Fachministerien einer Regierung, soweit sie wirtschaftspolitisch selbständig handeln können. Die partielle Einwirkungsmöglichkeit kann sich aber auch aus regionalen Gliederungsprinzipien ergeben, etwa aus der auf ihr Verwaltungsgebiet begrenzten wirtschaftspolitischen Zuständigkeit der Länder in einem Bundesstaat oder die der Gebietskörperschaften in einem Einheitsstaat. Die Bedeutung dieser Unterscheidung für die praktische Wirtschaftspolitik liegt in dem unterschiedlichen *wirtschaftspolitischen Horizont* dieser beiden Kategorien, was dazu führt, daß in dem einen Falle die Wirtschaftspolitik mehr in gesamtwirtschaftlicher, in dem anderen Falle dagegen vorzugsweise in punktueller oder partieller Sicht betrieben wird.

3.3 Koordination bei Vielzahl von Trägern

Aus der Interdependenz des wirtschaftlichen Geschehens in einer Volkswirtschaft folgt nun, daß Maßnahmen, die in einem Sachbereich der Volkswirtschaft ergriffen werden, ihre Wirkungen auch auf anderen Bereichen zeitigen. Diese Feststellung gilt unabhängig von der Frage, ob gesamtwirtschaftliche Zielsetzungen oder auf einen Ausschnitt der Wirtschaft beschränkte Zielsetzungen angestrebt werden. Wie wir bei der späteren Behandlung der Wirkungen wirtschaftspolitischer Maßnahmen noch näher sehen werden, kann theoretisch nicht ausgeschlossen werden und bildet auch den Regelfall in der Praxis, daß die Auswirkungen von Maßnahmen sich gegenseitig negativ beeinflussen. Die Gefahr dieses wirtschaftspolitischen Gegeneinanderwirkens, das der Rationalität und Effizienz der Wirtschaftspolitik so außerordentlich abträglich ist, ist umso aktueller, je *größer* die Zahl der Träger der Wirtschaftspolitik ist, die solche Maßnahmen auslösen können oder je *zahlreicher* die Maßnahmen sind, die ergriffen werden. Die oft berufene „Wirtschaftspolitik aus einem Guß" will eben diese Abträglichkeiten vermeiden, und sie ist nur über eine entsprechende *Koordination* der Aktivität der Träger der Wirtschaftspolitik zu erreichen. Diese Koordinierung sollte sich zweckmäßigerweise nicht nur auf die Aktivitäten in der Entscheidungsphase, sondern auch auf die der übrigen Phasen der Wirtschaftspolitik beziehen. Wie diese Koordination technisch zu bewerkstelligen ist, ob durch besondere Koordinierungsorgane, durch institutionelle Koordinierungsmechanismen, durch freiwillige Abstimmung usw., ist im Grundsatz uninteressant, wenn auch im Hinblick auf den erreichbaren *Koordinationsgrad* nicht unerheblich. Ein Beispiel für die freiwillige Koordinierung in der Bundesrepublik zeigt uns die für die Stabilität der Währung, Vollbeschäftigung, Zahlungsbilanzgleichgewicht u.a. wirtschaftspolitische Zielsetzungen unerläßliche Abstimmung zwischen der Bundesbank einerseits und dem Finanz- und Wirtschaftsministerium andererseits, die möglichst noch verbessert werden sollte. Ein institutioneller Koordinationsmechanismus ist — wiederum in der Bundesrepublik — die *Rahmengesetzgebungskompetenz* des Bundes für solche wirtschaftspolitischen Angelegenheiten, die nach der Verfassung in die Kompetenz der Länder fallen. Weitere Koordinationsorgane sind schließlich in der Bundesrepublik beispielsweise die Konferenz der Wirtschaftsminister, das Wirtschaftskabinett der Bundesregierung u.a.m.

Es sollte jedoch nicht übersehen werden, daß diese Koordinationsaufgabe schwierig zu bewältigen ist und daß eine vollkommene Koordination, so wünschenswert sie auch erscheint, in der Praxis nur schwer zu erreichen ist. Die Geschichte der Gegenwart zeigt uns in einer Fülle von Beispielen in allen Ländern, daß nicht einmal die Abstimmung zwischen den Maßnahmen der einzelnen Ministerien einer Regierung in dem Maße herbeigeführt werden kann, wie dies möglich wäre, obgleich wegen der schlechten Erfahrungen der Vergangenheit sowie auf Grund der von der wissenschaftlichen Wirtschaftspolitik zu dieser Frage beigesteuerten, neuen Erkenntnisse die Einsicht in die Notwendigkeit der Koordination bei allen maßgeblichen Stellen unvergleichbar höher als noch vor wenigen Dezennien ist. Wir wollen uns mit dieser Feststellung begnügen, ohne auf die vielfältigen Ursachen für diesen Sachverhalt eingehen zu können. Daß schließlich die Koordination der wirtschaftspolitischen Aktivität einer Vielzahl von *privaten* Trägern der Wirtschaftspolitik ein noch schwierigeres Unterfangen ist, ergibt sich beinahe zwangsläufig aus der häufig zu beobachtenden *Interessenorientiertheit* ihrer Wirtschaftspolitik, während für die öffentlichen Träger der Wirtschaftspolitik doch zumindest dem Prinzip und der Tendenz nach die allseitige Orientierung am Gemeinwohl eine nicht ungünstige Ausgangsbasis für die Koordination abgibt.

Wir wollen die Überlegungen zu diesem Punkt mit dem Hinweis auf die gesteigerte Bedeutung der *Kompetenzverteilung* und die Eindeutigkeit der *Kompetenzabgrenzung* in einem System mit einer Mehrzahl von Trägern der Wirtschaftspolitik beschließen. Sie erscheint uns für eine widerspruchsfreie und möglichst effiziente Wirtschaftspolitik von einer ähnlichen Wichtigkeit wie die Koordination selbst zu sein. Berücksichtigen wir, daß in einer modernen Wirtschaftsgesellschaft die Wirtschaftspolitik ganz überwiegend von öffentlichen und öffentlich-rechtlichen Trägern der Wirtschaftspolitik betrieben wird, dann kann diese letztere Aufgabe nicht nur im Prinzip, sondern auch de facto als lösbar gelten.

Was die privaten Träger der Wirtschaftspolitik angeht, so fehlt ihnen häufig eine formale Kompetenz für ihre wirtschaftspolitische Aktivität. Da sie jedoch faktisch als Träger der Wirtschaftspolitik fungieren und außerdem häufig zwecks Förderung der von ihnen vertretenen Interessen ihren Tätigkeitsbereich auszudehnen versuchen, kann es wichtig werden, diese Tendenz zur Ausweitung ihres wirtschaftspolitischen Wirkungsfeldes unter Kontrolle zu halten.

4. Die Situationsanalyse

4.1 Gegenwart

Jede politische Aktivität — und damit auch die Wirtschaftspolitik — wurzelt in der Prüfung der jeweiligen *Situation* und ihrem Vergleich mit einem als *erwünscht* angesehenen Zustand. Wir wollen deshalb in unserer Behandlung der Probleme, die sich bei der wissenschaftlichen Darstellung der Wirtschaftspolitik als zielbezogenes und in die Zukunft gerichtetes Handeln stellen, mit der Situationsanalyse beginnen.

Daß die möglichst vollständige und exakte Erfassung der jeweiligen Situation für die Effizienz der Wirtschaftspolitik von ausschlaggebender Bedeutung ist, ist so evident, daß wir nicht lange Erfahrung und Reflexion für die Begründung dieser These zu bemühen brauchen. Die Krankheit, die man nicht kennt, kann man nicht kurieren! Wir haben uns mit Absicht dieses Beispiel aus der Medizin ausgeliehen, weil sich der Wirtschaftspolitiker hinsichtlich der

Situationsanalyse in einer ähnlichen Situation wie der Arzt befindet, für den ja bekanntlich die Götter *vor* die Therapie die Diagnose gesetzt haben. Wenngleich wir auch nicht den Vergleich zu weit treiben wollen, weil er wie beinahe jeder Vergleich hinkt, so macht er doch klar, daß alle wirtschaftspolitischen Maßnahmen, die ohne vorhergehende genaue Situationsanalyse ergriffen werden, hinsichtlich ihres Erfolges zufallsbedingt wären.

Bei dieser Situationsanalyse bewegt sich der Wirtschaftspolitiker in einem Bereich, dessen sich die Wissenschaft in der sogenannten *deskriptiven* Volkswirtschaftslehre mit Erfolg angenommen hat. Durch die beschreibende Darstellung sollen ohne wesentlichen Anspruch auf Deutung, Interpretation und Erklärung die *Fakten* über die Volkswirtschaft gesammelt werden, die die jeweilige Situation in quantitativer, qualitativer, struktureller und sonstiger Hinsicht wiedergeben. Ihre Hauptaufgabe ist die *Information* über die jeweiligen Gegebenheiten, wobei die Sammlung und Auswahl des Tatsachenmaterials von den Zwecken bestimmt wird, denen es dienen soll. Soweit *quantitative* Information erforderlich ist, wird die Deskription hauptsächlich in der Variante der *Wirtschaftsstatistik* betrieben.

In diesem Zusammenhang ist nun auf eine sehr wichtige Funktion hinzuweisen, die die Verbände in einer pluralistischen Massengesellschaft zu erfüllen haben und die wir als ihre *Informationsfunktion* bezeichnen wollen. Wir verstehen darunter die Tätigkeit der Verbände, die Träger der Wirtschaftspolitik über ökonomische Sachverhalte aufzuklären, die den von ihnen vertretenen Mitgliederkreis bzw. die Branche betreffen, oder den Wirtschaftszweig, den sie vertreten. Diese Funktion der Verbände ist für den hier infrage stehenden Abschnitt der Planungsphase der Wirtschaftspolitik, die Situationsanalyse, deshalb von großer Wichtigkeit, weil sie *zusätzliche* Informationen liefern können, die der amtlichen Statistik oder generell: außenstehenden Stellen nicht zugänglich sind. Selbstverständlich beschränkt sich diese Funktion nicht auf die Bereitstellung von statistischen Informationen, sondern jedwede sachliche

Information über die ökonomischen Verhältnisse in den Kreisen ihrer Mitgliedschaft ist in sie einbezogen.

Es liegt auf der Hand, daß die praktische Wirtschaftspolitik sich in diesem Stadium mit Vorteil des von der Wissenschaft für ihre Zwecke gesammelten statistischen Materials sowie der von ihr entwickelten Methoden hinsichtlich der Beschaffung dieser Information bedienen kann; tatsächlich tut sie dies auch in zunehmendem Umfang. Die letzte Feststellung gilt nicht nur hinsichtlich des erheblichen Ausbaues der Wirtschaftsstatistik in den letzen Dezennien, sondern auch mit Rücksicht auf die Einrichtung von entsprechenden Forschungsabteilungen bei allen maßgeblichen Trägern der Wirtschaftspolitik, die weitgehende Berücksichtigung und Anwendung von Ergebnissen wissenschaftlicher Institute, die die Wirtschaftsbeobachtung pflegen, ihre Beauftragung mit Forschungsaufträgen usw. Gleichen Zwecken dienen auch die amtlicherseits oder in amtlichem Auftrage durchgeführten Enquêten, Gutachten, Memoranden usw., bei denen die Wissenschaft maßgeblich beteiligt wird.

Trotzdem scheint es uns, — und wir könnten diese Auffassung durch eine Reihe von Beispielen aus der jüngsten Vergangenheit belegen — daß die praktische Wirtschaftspolitik die Dienste und Hilfestellung der Wissenschaft noch nicht in einem solchen Maße in Anspruch nimmt, wie dies für eine möglichst rationale und effiziente Wirtschaftspolitik zweckmäßig erscheint. Diese Feststellung gilt auch dann, wenn wir berücksichtigen, daß die Informationsbeschaffung *Kosten* verursacht und insofern ihrerseits dem Rationalprinzip unterworfen ist. Eine nicht voll gerechtfertigte Zurückhaltung von seiten der praktischen Wirtschaftspolitik scheint uns besonders hinsichtlich derjenigen Methoden und Instrumente vorzuliegen, die von der Wissenschaft in den letzten Dezennien mit dem Ziel entwickelt wurden, durch Verschmelzung von Theorie und Statistik in der sog. *Ökonometrie* zu einer vertieften und für die Wirtschaftspolitik besonders geeigneten Information über quantitative, strukturelle, funktionale und sonstige Sachverhalte zu gelangen.

Wir wollen dabei als Ökonometrie im weitern Sinne jede Art der wissenschaftlichen Analyse bezeichnen, die für die Konstruktion ihrer Modelle die Denkansätze und Fragestellungen aus der Wirtschaftstheorie bezieht, dabei jedoch die numerischen Werte für die Variablen, Konstanten, Parameter, Relationen und andere Elemente der Modelle aus der statistischen Erfassung der Realität gewinnt; ihr Anliegen ist die möglichst exakte Aussage, die faktisch und außerdem quantitativ wahr ist.

Als Beispiele können wir die Gewinnung von Einkommens-, Preis- und Kreuzpreiselastizitäten für die Nachfrage, die Berechnung von Struktur- und Verhaltensrelationen (Konsumfunktion, Sparfunktion), Produktions- und Kapitalkoeffizienten, Produktionsfunktionen, Berechnung von Multiplikatoreffekten usw. anführen. Von besonderer Bedeutung sind in unserem Zusammenhang die *Volkswirtschaftlichen Gesamtrechnungen* und *Input-Output-Analysen,* weil sie eine umfassende und gleichzeitig detaillierte strukturelle und quantitative Information über den jeweiligen Zustand der Volkswirtschaft liefern. Beispiele für beide finden sich in den wirtschaftswissenschaftlichen Publikationen dieser Reihe.

4.2 Vergangenheit

Wenn wir in Zusammenhang mit der Situationsanalyse von Zustandserfassung gesprochen haben, so mit der stillschweigenden Einschränkung, daß durch die deskriptive Volkswirtschaftslehre immer nur in der Vergangenheit liegende Sachverhalte erfaßt werden. Die von uns angezogene Gegenwart ist also, genau genommen, jüngste Vergangenheit. Wird die Deskription noch weiter nach rückwärts in die Vergangenheit verlegt, dann betreiben wir *Wirtschaftsgeschichte* bzw. historische Wirtschaftsstatistik. In einem weiteren Sinne können wir diese beiden Teildisziplinen der deskriptiven Volkswirtschaftslehre zurechnen.

Die Frage, die sich allerdings bei dieser historisch deskriptiven Erfassung der Wirklichkeit stellt, ist die nach ihrer Zweckmäßigkeit und Fruchtbarkeit für die Wirtschaftspolitik. Wir können diese Frage bejahen, weil die zeitliche Ausdehnung der Untersuchung in die weiter zurückliegende Vergangenheit uns wichtige *zusätzliche* Informationen zu liefern vermag. Dadurch, daß verschiedene zeitlich zurückliegende Situationen auf die gleichen wirtschaftlichen Sachverhalte hin untersucht werden, wird der zeitliche Vergleich zwischen den interessierenden Sachverhalten möglich, und es kann außerdem darüber etwas ausgesagt werden, *wie* sich eine gegebene Situation aus den historisch vorangehenden Situationen entwickelt hat. Auf diese Weise können nicht nur historisch-empirische Gesetzmäßigkeiten und Tendenzen der Wirtschaftsentwicklung in einer Volkswirtschaft gewonnen, sondern auch das *zeitliche* Verhalten der interessierenden quantitativen, qualitativen, strukturellen usw. Phänomene kann sichtbar gemacht werden. Soweit die ökonometrische Betrachtungsweise bei diesem Zeitvergleich angewandt wird, können also wichtige Informationen über Tempo und Ausmaß der Veränderungen bzw. über die Veränderungsraten der erwähnten Daten, Variablen, Relationen usw. gewonnen werden.

Wird schließlich noch die Theorie mit zu Hilfe genommen, wie dies ja schon bei der ökonometrischen Methode der Fall ist, so können die Mechanismen und Wirkungszusammenhänge und damit die die Veränderungen kausal bewirkenden Faktoren aufgedeckt werden. Die Einsichten machen Aussagen darüber möglich, welche wirtschaftspolitischen Maßnahmen der Vergangenheit mit welchen positiven oder negativen Effekten an den Veränderungen beteiligt waren. Der Vergleich dieser tatsächlich aufgetretenen Effekte mit den in der Vergangenheit durch die Wirtschaftspolitik angestrebten Effekten beim Einsatz dieser Maßnahmen wiederum erlaubt eine Beurteilung der Effizienz der Wirtschaftspolitik der Vergangenheit sowie die Analyse der Ursachen und Gründe für die Abweichung der tatsächlich erzielten von den angestrebten Effekten.

Und schließlich wird es möglich, das wirtschaftspolitisch Unerwünschte und Unbefriedigende der jeweiligen Situation, die wirtschaftspolitischen „Übel" und Schwierigkeiten, auf ihre Ursachen und Gründe hin zu untersuchen. Ihre Erfassung vermag zuweilen wichtige Informationen und Aufschlüsse — ähnlich wie in der Medizin — über die anzuwendende wirtschaftspolitische Therapie, d. h. über die wirtschaftspolitischen Maßnahmen und über Kombinationen solcher Maßnahmen, die zwecks Anpassung der Verhältnisse an den gewünschten Zustand eingesetzt werden sollen, zu liefern. Wir sind im Gegensatz zu einigen Autoren (so insbesondere *Tinbergen)* der Auffassung, daß die Wahl der wirtschaftspolitischen Instrumente häufiger und in stärkerem Umfange durch die Gründe bedingt ist, die das Unerwünschte der jeweiligen Situation bewirkt haben, als gemeinhin unterstellt wird. Da wir bei der Behandlung des Mitteleinsatzes noch näher auf diese Problematik eingehen werden, können wir uns an dieser Stelle mit diesem allgemeinen Hinweis begnügen.

4.3 Prognose

Wir sehen also, daß nicht nur die möglichst vollständige und detaillierte Erfassung der Fakten der Gegenwart, ausgewählt mit Rücksicht auf die jeweiligen wirtschaftspolitischen Problemstellungen, sondern auch ihre perspektivische Erweiterung in die nähere oder weitere Vergangenheit unverzichtbar ist und für die Wirtschaftspolitik von erheblichem praktischen Wert sein kann.

Der nächste logische Schritt in der Planungsphase der Wirtschaftspolitik ist die *Antizipation* der zeitlichen Entwicklung der interessierenden Phänomene in der näheren oder ferneren Zukunft. Bevor nämlich überhaupt der wirtschaftspolitische Eingriff näher ins Auge gefaßt wird, ist die Vorfrage zu prüfen, ob nicht die ständig evolutorisch verlaufende Entwicklung in der Wirtschaft die gewünschten Korrekturen innerhalb als zulässig angesehener Fristen ohne solchen Eingriff annäherungsweise oder vollständig in dem für notwendig erachteten Ausmaße zustandebringt. Es ist nämlich zu berücksichtigen, daß die möglichen wirtschaftspolitischen Maßnahmen, mit denen die gewünschte Korrektur vorgenommen werden soll, *Zeit erfordern:* sie müssen genau vorbereitet, geplant und durchgeführt werden, und ihre Wirkungen benötigen Zeit von unterschiedlicher Dauer, je nachdem, ob es sich um kurz-, mittel- oder langfristige Maßnahmen handelt.

Wir bezeichnen eine solche Antizipation der wirtschaftlichen Situation eines zukünftigen Zeitpunktes oder einer zukünftigen Periode als *Prognose*, wobei nach dem Zeitraum, mit dem sich die Untersuchung in die Zukunft erstreckt, die langfristige von der mittel- und kurzfristigen Prognose unterschieden wird. Die beiden wichtigsten Varianten sind die quantitative Prognose, die quantitative Vorhersagen über die zukünftige Entwicklung liefern will, und die qualitative Prognose, die Voraussagen über die zukünftige Entwicklung nicht quantifizierbarer Sachverhalte erstellt oder an die Stelle der eigentlich erwünschten quantitativen Prognosen in solchen Fällen tritt, wo die quantitative Antizipation nicht möglich oder allzu unsicher ist.

Daß solche Prognosen sich mehr und mehr auch ökonometrischer Methoden bedienen, insbesondere soweit sie quantitative Voraussagen liefern sollen, liegt nahe, da es auch hier wieder um Aussagen über Veränderungen (absolut oder relativ) oder Veränderungsraten von Daten, Variablen, Parametern, Relationen und Funktionen usw. und von Systemen geht, deren Elemente die erwähnten Größen sind. Die Anwendung der Ökonometrie für die Zwecke der Prognose liegt auch deshalb nahe, weil keine prinzipiellen Einwände gegen eine in die Zukunft vorverlegte ökonometrische Situationsanalyse gemacht werden können. Allerdings wirft die Vordatierung der Variablen des ökonometrischen Modells in die Zukunft, die für die Zwecke der Prognose erforderlich ist, zusätzliche Schwierigkeiten hinsichtlich der exakten Antizipation der numerischen Werte der Variablen auf.

Der einzig wichtig zu nehmende Einwand, der allerdings

jede Art der Wirtschaftsprognose treffen würde, nämlich der der prinzipiellen und faktischen Unmöglichkeit der Prognostizierung, weil es um die Voraussage über menschliche Handlungen und die Ergebnisse dieser Handlungen im Bereiche der Wirtschaft gehe, und das wirtschaftliche Verhalten und Handeln des einzelnen Individuums nicht praedeterminiert seien, sticht glücklicherweise nicht. Wirtschaftsprognosen werden nämlich über das wirtschaftliche Verhalten von *Massen und Gruppen* und die daraus resultierenden qualitativen und quantitativen wirtschaftlichen Resultate abgegeben und hierfür gelten mehr oder weniger strenge massenstatistische, d. h. wahrscheinlichkeitsgesetzliche Regelmäßigkeiten. Diese letzten gestatten aber die faktische Vorhersage, wie die zunehmende Erstellung und Verwendung solcher Wirtschaftsprognosen in der Neuzeit durch wissenschaftliche Spezialinstitute, Forschungsinstitute der Wirtschaft und ähnliche Einrichtungen in der Verwaltung und anderen Zweigen des öffentlichen Lebens eindeutig belegen.

Jede wirtschaftliche Prognose, die den Anspruch auf Wissenschaftlichkeit erhebt, muß bestimmten Bedingungen genügen (Verifizierbarkeit, Kommunikationsfähigkeit und Konsistenz). Ihr Wert für die Wirtschaftspolitik hängt von dem Grad ihrer Exaktheit ab, d. h. dem Grad ihrer Übereinstimmung mit der faktischen Entwicklung. Die Exaktheit wiederum wird durch eine Vielzahl von Faktoren bedingt, von denen in der Regel die Fristigkeit der Prognose eine beachtliche Rolle spielt. So ist es ohne weiteres einsichtig, daß die Vorhersage umso unsicherer und damit unexakter wird, je weiter sie in die Zukunft vorverlegt wird; dieser Sachverhalt ist der Grund dafür, daß die langfristigen Vorhersagen von manchen Autoren mit dem weniger anspruchsvollen Terminus: *Projektionen* belegt werden und die Bezeichnung Prognose für die kurz- und mittelfristige Vorhersage reserviert wird.

Wegen der Vielzahl von Faktoren ist es nicht verwunderlich, daß Prognosen mit sehr unterschiedlichem und auch mit einem geringen Exaktheitsgrad erstellt und verwendet werden. Man stützt sich trotzdem auf sie, weil es immer noch besser ist wenig zu wissen, als überhaupt nicht zu wissen, und die Politik gemäß der französischen Sentenz »gouverner c'est prévoir« auf die Prognose nicht verzichten kann. Bei erheblicher Unsicherheit kann man sich dadurch behelfen, daß die Fehlergrenzen mit angegeben werden, daß zusätzlich *Alternativprognosen* erstellt werden, daß statt bestimmter numerischer Werte ein Wertbereich angegeben wird, daß sie mit einschränkenden Bedingungen versehen wird oder daß schließlich nur qualitativ prognostiziert wird. Die gegenwärtig verbreitete Praxis der Prognose von Volkswirtschaftlichen Gesamtrechnungen (Prognosebudgets) läßt noch weitere Behelfsmöglichkeiten erkennen, die wir hier aber unerörtert lassen können.

Nicht zuletzt hängt die Sicherheit der Prognose von dem *zeitlichen Verhalten* der wirtschaftlichen Phänomene ab, die Gegenstand der Vorhersage sind. Informationen hierüber liefert aber die auf die *Vergangenheit* bezogene Situationsanalyse, und dieser Sachverhalt ist ein wichtiges Verbindungsglied zwischen beiden. Erst durch die *historische* Analyse gewinnen wir ja Informationen darüber, ob und in welchem Ausmaß bzw. mit welcher Häufigkeit und in welcher Richtung die quantitativen und qualitativen Merkmale der interessierenden ökonomischen Phänomene sich in der Vergangenheit verändert haben und welches zukünftige Verhalten somit mehr oder weniger wahrscheinlich ist. Diese Verbindung ist so eng, daß wir überspitzt und vereinfachend sogar formulieren können, daß die Prognose methodologisch im Prinzip nichts anderes als die zeitliche Übertragung einer beobachteten historischen Entwicklung bzw. Situation in die Zukunft darstellt. Dies ist ein weiterer wichtiger Grund dafür, in die Situationsanalyse nicht nur die Gegenwart, sondern auch die Vergangenheit mit einzubeziehen, wie wir dies vorgeschlagen haben.

Rationalität und Effizienz der Wirtschaftspolitik, so können wir abschließend feststellen, hängen maßgeblich von der Qualität der Prognostizierung ab. Es erscheint deshalb dringend angezeigt, daß auch von seiten der wissenschaftlichen Wirtschaftspolitik alle Anstrengungen unternommen werden, die Methoden der Wirtschaftsprognose und damit ihren Exaktheitsgrad zu verbessern, ihre Fehlermöglichkeiten und Fehlergrenzen einzuschränken und damit auf einem Wege fortzuschreiten, der trotz aller Rückschläge und Schwierigkeiten in den letzten Jahrzehnten doch zu einigen Erfolgen geführt hat.

5. Die Zielproblematik

5.1 Präferenzen und Ziele

Der nächste logische Schritt in der Planungsphase der Wirtschaftspolitik ist der Vergleich des durch die Situationsanalyse (einschließlich der Prognose) diagnostizierten Zustandes im Bereiche der Wirtschaft für einen bestimmten Zeitpunkt mit dem wirtschaftspolitisch erwünschten und angestrebten Zustand zu diesem Zeitpunkt. Ergibt dieser Vergleich Abweichungen, die von den Trägern der Wirtschaftspolitik als nicht tragbar angesehen werden, so werden wirtschaftspolitische Maßnahmen erforderlich, durch welche die Diskrepanz verringert werden kann.

Die Vorstellungen des Trägers der Wirtschaftspolitik über das, was in dem Kulturbereich der Gesellschaft, den wir als Wirtschaft bezeichnen, wünschenswert ist oder nicht, wird maßgeblich durch Anzahl, Inhalt und Rangordnung seiner *Präferenzen* bestimmt. Vereinfachend formuliert, handelt es sich dabei um die Wertvorstellungen — positiv oder negativ — die ökonomischen Phänomenen gegenüber dargebracht werden. Die Präferenzen werden entsprechend ihrer Wichtigkeit in eine bestimmte Rangordnung gebracht, und das Resultat ist dann eine *Präferenzskala*. Diese Präferenzskala muß bestimmten logischen Erfordernissen genügen, von denen das Erfordernis der *Konsistenz* besonders erwähnt werden soll.

Für den Bereich der Wirtschaftspolitik hat es sich eingebürgert, diese Präferenzskala als *Welfare-Funktion* zu bezeichnen. Der Träger der Wirtschaftspolitik entscheidet und handelt entsprechend dieser Welfare-Funktion, die in einem bestimmten Zusammenhang mit den *individuellen*

Welfare-Funktionen der Wirtschaftssubjekte steht, deren Wirtschaften durch die Wirtschaftspolitik beeinflußt werden soll. In die Welfare-Funktion des Trägers der Wirtschaftspolitik gehen nämlich ebenso wie in die individuellen Welfare-Funktionen quantitative und qualitative Elemente ein, die das materielle und nicht-materielle ökonomische Wohlbefinden (Welfare) der Individuen beeinflussen, wie Quantität und Qualität der verfügbaren Güter, die für den Erwerb dieser Güter erforderlichen Anstrengungen, das Ausmaß der Freizeit, die Freiheit der wirtschaftlichen Betätigung usw. Wir wollen diese Präferenzen der Individuen als „individualistische" Präferenzen bezeichnen. Obwohl in die Welfare-Funktion des Trägers der Wirtschaftspolitik solche individualistischen Präferenzen mit eingehen, sind doch die individuellen Welfare-Funktionen und die *gesellschaftlichen* Welfare-Funktionen der Träger der Wirtschaftspolitik nicht identisch. In die Welfare-Funktion des Trägers der Wirtschaftspolitik geht nämlich eine zweite Gruppe von Wertschätzungen ein, die wir mit *Tinbergen* als „kollektive" Präferenzen bezeichnen wollen, d.h. Wertschätzungen, die ihre Wurzel in der Verantwortlichkeit des Wirtschaftspolitikers für die Gemeinschaftsbelange haben. Zum anderen ist in diesem Zusammenhang darauf hinzuweisen, daß es sich in dem einen Falle um individuelle, im anderen Falle dagegen um *gesellschaftliche* Welfare-Funktionen handelt, welch letztere das Ergebnis eines komplizierten Meinungsbildungs- und Abstimmungsmechanismus innerhalb einer freiheitlich organisierten Gesellschaft sind. Dem Prinzip nach kann diese gesellschaftliche Welfare-Funktion als der zusammengefaßte Ausdruck der Vielzahl von individuellen Welfare-Funktionen der Bürger in einer Massengesellschaft gelten, wobei jedoch die sich aus dem *Repräsentationsproblem* ergebenden praktischen Schwierigkeiten neben den kollektiven Präferenzen nicht übersehen werden sollten.

Diese Welfare-Funktionen unterliegen — auch hinsichtlich der kollektiven Präferenzen — dem Einfluß einer Vielzahl von Faktoren; sie werden durch die Geistesströmungen der jeweiligen Zeit, durch das politische Klima und soziale Milieu geprägt und wandeln sich in der Regel nur allmählich, ausgenommen in Krisen- und Katastrophenzeiten, die durch eine Umwertung der Werte zu einer abrupten Änderung der Welfare-Funktion führen können. Nicht zuletzt unterliegen sie auch der Einwirkung der Wirtschaftswissenschaft selbst, die, wie die Erfahrungen von ihren Anfängen an zeigen, die öffentliche Meinung und damit auch die der Träger der Wirtschaftspolitik mit ihren Lehrmeinungen und Forschungsergebnissen immer wieder nachhaltig beeinflußt hat.

Nicht unerwähnt bleiben darf schließlich in diesem Zusammenhang auch die auf die öffentliche Meinungsbildung und die gesellschaftliche Welfare-Funktion der Träger der Wirtschaftspolitik gerichtete Aktivität der Interessenverbände und insbesondere der wirtschaftspolitischen Verbände. Wir sind mit der Mehrzahl der Autoren, die sich zu diesem Problem geäußert haben, der Meinung, daß die Verbände auch auf diesem Gebiet eine legitime und wichtige Funktion zu erfüllen haben, die nicht oder doch nur beschränkt von den politischen Parteien wahrgenommen werden kann. Damit nämlich die individuellen Welfare-Funktionen in die gesellschaftliche Welfare-Funktion eingehen können, müssen sie nicht nur den Trägern der Wirtschaftspolitik zur Kenntnis gelangen (Informationsfunktion der Verbände), sondern auch für den jeweiligen Interessenkreis auf einen einheitlichen Nenner gebracht werden. Es ist ganz offensichtlich in einer Massengesellschaft praktisch unmöglich, die gesellschaftliche Welfare-Funktion *direkt* aus einer Millionenzahl von differierenden Welfare-Funktionen ableiten zu wollen. Die zu berücksichtigende Anzahl muß vielmehr vorher auf ein praktikables Ausmaß beschränkt werden. Diese notwendige Reduktion auf eine, für ihren Mitgliederkreis typische oder repräsentative Welfare-Funktion wird innerhalb der Verbände und durch sie vollzogen, und wir wollen diese zweite wichtige Funktion der Verbände als ihre *Abstimmungsfunktion* bezeichnen.

5.2 Arten von Zielen

Werden die Konsequenzen aus den häufig allgemein gehaltenen Präferenzen auf konkrete wirtschaftliche Phänomene und Sachverhalte hin gezogen, d. h. werden sie konkretisiert, so sind das Ergebnis die anzustrebenden *Ziele* der Wirtschaftspolitik.

Wir sprechen mit Absicht von den Zielen im Plural, weil es immer um die Realisierung einer Mehrzahl von Zielen — um ein *Zielbündel* oder eine Zielkombination — geht. In formaler Hinsicht konkretisiert sich dabei ein Ziel immer in der Änderung oder Beibehaltung eines ökonomischen oder ökonomisch-relevanten Sachverhaltes. Den Sachverhalt, dessen Beibehaltung oder Änderung angestrebt wird. wollen wir als *Zielsachverhalt* bezeichnen. Sachverhalte, die sich der gezielten Beeinflussung durch wirtschaftspolitische Maßnahmen entziehen und deshalb keine Zielsachverhalte darstellen können, wollen wir als *Daten* bezeichnen. Solche Daten sind beispielsweise das Klima, Produktionsperioden in der Landwirtschaft, der Vorrat an Lagerstätten, häufig die Menge des zur Verfügung stehenden Bodens, bestimmte Institutionen (rechtliche, politische, soziologische u. a. m.). In unserer Aufzählung sind sowohl Daten enthalten, die sich im Zeitablauf nicht ändern (konstante Daten), wie auch solche, die zeitliche Veränderungen aufweisen (variable Daten), wobei selbstverständlich der jeweilige Betrachtungszeitraum berücksichtigt werden muß. Werden die Betrachtungsperioden sehr kurz gewählt, dann sind nahezu alle Daten konstant. Ein besonders illustratives Beispiel für sich häufig ändernde Daten sind Ausschnitte aus der Wirtschaftspolitik der Partnerländer eines Landes bezüglich des Außenhandels.

Die möglichen Zielsachverhalte umspannen den gesamten Bereich der wirtschaftspolitischen Zielsetzungen und sind deshalb sehr zahlreich und differenziert. Wenige Beispiele mögen das verdeutlichen: Beschäftigung, Zahlungsbilanzgleichgewicht, Stabilität des Geldes, Volkseinkommen, Investitions-, Konsum- und Spartätigkeit, Elastizität des Preismechanismus, Preis- und Einkommenselastizitäten,

Wettbewerbsintensität, Wirtschaftsordnung, geographische Verteilung der Wirtschaftsaktivität, Marktinformation und Markttransparenz, Spezialisierungsgrad u.a.m. Wir haben in unserer Aufzählung mit Absicht Zielsachverhalte gewählt, die die *Struktur*, den *Wirtschaftskreislauf*, die *Wirtschaftsordnung*, das *Verhalten der* Wirtschaftssubjekte und andere Sachverhalte betreffen, um die außerordentlich große Mannigfaltigkeit und Differenziertheit der Zielsachverhalte sichtbar zu machen.

Soweit die zu beeinflussenden Sachverhalte, die in die Zielsetzungen eingehen, quantifizierbar sind, kann auch das jeweilig angestrebte Ausmaß der Veränderung des Sachverhaltes im Prinzip quantitativ (numerisch) fixiert werden. Im Anschluß an *Tinbergen* wollen wir diese Art von Zielsachverhalten als *quantitative Zielvariable* bezeichnen. Ihre zielmäßige Fixierung ist in absoluten Größen (100 Mrd. DM Volkseinkommenssteigerung) oder in Relativzahlen möglich (Zunahme der Beschäftigung um 3 %). Sie muß nicht notwendigerweise auf einen einzigen numerischen Wert hin erfolgen, sondern kann sich auch mit einem Ausschnitt aus der Zahlenreihe begnügen (Beschäftigungszunahme zwischen zwei und vier Prozent) oder auf einen nur in einer Richtung limitierten Ausschnitt beschränken (generelle Preissteigerung nicht mehr als 2 %, Beschäftigungszunahme nicht weniger als 3 %). Und schließlich kann die Quantifizierung auf ein nicht näher definiertes Minimum oder Maximum hin vorgenommen werden (möglichst großes Wachstum des Volkseinkommens, möglichst geringe Abnahme der Beschäftigung).

In einem gewissen Sinne stellen die letzten Beispiele bereits den Übergang zu einer anderen Gruppe von Zielsachverhalten dar, die zwar nicht quantifizierbar im kardinalen Sinne sind, bei denen aber das angestrebte Ausmaß der Veränderung der Zielsachverhalte im *ordinalen* Sinne (größer oder kleiner) festgelegt werden kann.

In diesem Falle wollen wir von *qualitativen Zielvariablen* sprechen. Beispiele für solche qualitativen Zielvariablen sind: Konzentrationsgrad der Wirtschaft, Grad der

Außenhandelsverflechtung, Elastizität des Steuersystems, Stabilitätsgrad der Wirtschaft gegenüber Konjunkturschwankungen u.a.m.

Beide Arten von Zielvariablen können sich auf einen *Zeitpunkt* oder einen *Zeitraum* beziehen; im ersten Falle wird die Realisierung der angestrebten qualitativen oder quantitativen Änderung auf einen Zeitpunkt datiert, im letzteren Falle auf einen Zeitraum. Als Beispiel für die erste Variante kann die quantitativ erwünschte Vergrößerung des Kapitalstocks zu einem bestimmten Stichtag dienen, während die Wiederherstellung des Zahlungsbilanzgleichgewichts innerhalb einer bestimmten Periode als Beispiel für den letzten Fall herangezogen werden kann.

Außerdem besteht die Möglichkeit, die wirtschaftspolitisch erwünschte Änderung der Zielvariablen an Bedingungen zu knüpfen. So kann beispielsweise die angestrebte Änderung der Zielvariablen davon abhängig gemacht werden, daß bestimmte qualitativ oder quantitativ festgelegte Voraussetzungen erfüllt sind (der Wohnungsbestand soll bis zu einem bestimmten Zeitpunkt um 5 % wachsen, wenn die Bevölkerung bis zu diesem Zeitpunkt um 4 % zunimmt; das Haushaltsdefizit der öffentlichen Hand soll um 3 % vergrößert werden, wenn innerhalb eines bestimmten Zeitraumes die Beschäftigung nicht gestiegen ist). Zuweilen werden auch die Bedingungen in der Art und Weise gesetzt, daß irgendwelche Ereignisse, die als *Auswirkungen* der Veränderung der Zielvariablen angesehen werden, eintreten oder nicht eintreten. Wir werden auf diesen Punkt bei der später folgenden Behandlung der *Effekte* wirtschaftspolitischer Maßnahmen noch des näheren eingehen und können uns deshalb an dieser Stelle mit diesem Hinweis begnügen.

Die letzte Unterscheidung, die wir hinsichtlich der Ziele behandeln wollen und die auch im Schrifttum häufig gemacht wird, ist die zwischen *ökonomischen* und *außerökonomischen* Zielen. Sie wird aktuell bei der Streitfrage, ob die wissenschaftliche Wirtschaftspolitik sich in ihren Untersuchungen auch mit außerökonomischen Zielsetzungen befassen soll oder nicht und ob sie das ohne die ihr durch die Forderung nach Objektivität und den Gegenstand selbst gezogenen Grenzen legitimerweise tun kann. Daß durch den Einsatz von wirtschaftspolitischen Maßnahmen solche Ziele, die einem anderen Kulturbereich als dem der Wirtschaft angehören, verwirklicht werden können, ist eine Tatsache, die durch unsere Erfahrung beinahe tagtäglich bestätigt wird. Beispiele sind etwa verkehrswirtschaftliche Maßnahmen mit wehrwirtschaftlichen Zielsetzungen, Maßnahmen der Verbrauchspolitik mit volkshygienischen Zielsetzungen oder einkommenspolitische Maßnahmen mit staats- und gesellschaftspolitischen Zielsetzungen. Es ist offensichtlich, daß mit der Aufnahme solcher Zielsetzungen in das Zielsystem der Wirtschaftpolitik der wissenschaftlich zu behandelnde Gegenstand über den Bereich der Wirtschaft hinaus ausgedehnt wird. Die Gefahr, die damit auftaucht, ist die, daß von der wissenschaftlichen Wirtschaftspolitik Aussagen gemacht werden, für die ihr die Kompetenz abgeht.

Es erscheint deshalb und aus weiteren Gründen angebracht, daß die wissenschaftliche Wirtschaftspolitik sich bei der Aufstellung von Zielsystemen auf solche Ziele beschränkt, die *innerhalb* des Kulturbereiches der Wirtschaft liegen, d. h. auf „ökonomische" Zielsetzungen. Sie setzt sich damit bewußt Grenzen, ohne jedoch einem „Ökonomismus" verfallen zu müssen, der diese außerökonomischen Zielsetzungen nicht sieht oder sehen will, denen die Wirtschaftspolitik dienstbar gemacht werden kann, oder gar die Forderung impliziert, daß ökonomische Zielsetzungen die allein „wesentlichen" sein sollten.

Eine solche Selbstbeschränkung der wissenschaftlichen Wirtschaftspolitik erscheint uns möglich, wenngleich auch von einigen Autoren die gegenteilige Auffassung mit dem Argument vertreten wird, daß die methodologisch einwandfreie Abgrenzung der ökonomischen von den außerökonomischen Zielsetzungen nicht möglich sei bzw. daß *sämtliche* Zielsetzungen, mit denen sich die Wirtschaftspolitik zu beschäftigen habe, außerökonomischer Natur seien; jedenfalls seien die „letzten" Zielsetzungen auch der Wirtschaftspolitik solche außerökonomischer Natur.

Wir können die letzte These durchaus akzeptieren und außerdem zugestehen, daß das Wirtschaften und die mit Hilfe des Wirtschaftens angestrebten Ziele nicht Selbstzweck der menschlichen Existenz sind, sondern Instrumental- oder Mittelcharakter haben. Wir würden damit die These akzeptieren, daß die Ziele des Wirtschaftens *Vorziele* für irgendwelche übergeordneten Ziele sind. Die Konsequenz, die sich aus diesem Zugeständnis für die Wirtschaftspolitik ergeben würde, wäre die, daß wir auch den wirtschaftspolitischen Maßnahmen, die ja auf die Beeinflussung des Wirtschaftens gerichtet sind, sowie den Zielen der Wirtchaftpolitik *Mittelcharakter* zuerkennen müßten. Aus diesem Zugeständnis folgt aber nicht, daß aus den ökonomischen Zielsetzungen der Wirtschaftspolitik außerökonomische Zielsetzungen würden; vielmehr ändert sich nach unserer Auffassung dadurch nichts an dem ökonomischen Charakter der Zielsetzungen der Wirtschaftspolitik.

5.3 Das Zuordnungsverhältnis der Ziele

Die Einsicht, daß die durch wirtschaftspolitische Maßnahmen angestrebten Ziele ihrerseits wiederum als Mittel für andere Ziele — ökonomischen oder nicht-ökonomischen Charakters — aufgefaßt und eingesetzt werden können, stellt uns vor die grundsätzliche Frage nach dem Verhältnis der Ziele sowie ihren Beziehungen zueinander, die wir nun etwas näher untersuchen wollen. Entsprechend unserem Vorschlag wollen wir uns dabei auf die ökonomischen Zielsetzungen beschränken.

Mit der Vorstellung, daß ein Ziel als Mittel oder als Vorziel für ein anderes Ziel dienen kann, ist notwendigerweise die andere verbunden, daß ein *Wirkungszusammenhang* zwischen den beiden Zielen derart gegeben ist, daß durch die Realisierung des Vorzieles Effekte *ursächlich* ausgelöst werden, die vorausschaubar bzw. vielleicht sogar vorausberechenbar sind und zur Realisierung oder Teilrealisierung des Nachzieles führen. Das Zuordungsverhältnis, das hier durch die Unterscheidung von Vor- und Nachzielen zum Ausdruck gebracht wird, ergibt sich also aus diesem *Wirkungszusammenhang*. Daneben kann das Verhältnis zwischen einer Mehrzahl von Zielen noch zumindest als *logische* Beziehung, *zeitliche* Beziehung sowie als *Präferenzbeziehung* bestimmt werden.

Wenden wir uns zuerst dem Zuordnungsverhältnis auf der Basis des *Wirkungszusammenhanges* zu. Ausgangspunkt der Einordnung sind hier die erwähnten Effekte, die von bestimmten Zielen auf andere Ziele ausgehen sowie die Richtung dieser Effekte. Ob und welche dieser Effekte bestehen, ergibt sich aus der Beobachtung zusammen mit der theoretischen Analyse. Formal sind diese Effekte als das Nettoergebnis der *Anpassungsreaktionen* der Wirtschafssubjekte zu kennzeichnen, deren Wirtschaftspläne durch die Realisierung des Vorzieles negativ oder positiv beeinflußt werden. Ihre ökonomischen Wahlhandlungen erbringen ein anderes qualitatives oder quantitatives Ergebnis als es sich ohne die Realisierung des Vorzieles (quantitative oder qualitative Zielvariable) ergeben hätte.

Demonstrieren wir diesen Gedankengang an einem einfachen Beispiel: Die beiden Zielvariablen seien Zinssatzsenkung und Investitionstätigkeit, wobei der Zinssatz das Vorziel darstellt. Wird nun durch bestimmte wirtschaftspolitische Maßnahmen auf dem Geld- und Kapitalmarkt das angestrebte Vorziel der Zinssatzsenkung realisiert, so reagieren die Investoren auf die Zinssatzsenkung mit einer Änderung ihrer Investitionstätigkeit. Sie ändern *als Folge* der Zinssatzsenkung ihre Investitionspläne, und es stellt sich damit ein anderes Investitionsvolumen ein als es sich ohne die Änderung des Zinssatzes ergeben hätte.

Dieses einfache Beispiel macht auch gleichzeitig deutlich, daß es sich bei den Wirkungszusammenhängen zwischen den Zielen häufig um Gesetzmäßigkeiten und Mechanismen handelt, die den Ablauf des wirtschaflichen Geschehens steuern und regulieren. Art, Richtung und Intensität der auftretenden Effekte werden dabei maßgeblich durch die jeweiligen Kausal- und Funktionalbeziehungen bestimmt, durch welche die Ziele miteinander verknüpft sind.

Die Unterscheidung von *Vor-* und *Nachzielen* setzt notwendigerweise voraus, daß die Kausalbeziehung zwischen den Zielen nur in einer Richtung verläuft und nicht umkehrbar ist, wie das für unser Beispiel zutrifft. Bezeichnen wir den Zinssatz als Zielvariable B und das Investitionsvolumen als weitere Zielvariable C, so ergibt sich in einem Schema, in dem die Wirkungsrichtung des Effektes durch einen Pfeil ausgedrückt wird (Pfeilschema) das folgende Bild:

Abb. 1

Durch Beschränkung der Betrachtung auf den Effekt der Zinssatzsenkung für das Investitionsvolumen erhalten wir eine *eingliedrige* Kausalkette, in der Zielvariable und Mittelsachverhalt *direkt* verknüpft sind. Von *mehrgliedrigen* Kausalketten wollen wir dann sprechen, wenn zwei oder mehrere Zielvariable *indirekt* über *Zwischenziele* miteinander durch Pfeile verbunden sind. Das von uns gewählte Beispiel kann als mehrgliedrig interpretiert werden, wenn wir unterstellen, daß die Zinssatzsenkung durch Maßnahmen bewirkt wird, die etwa das Angebot auf dem Kapitalmarkt vergrößern (Verschiebung der Angebotskurve). Im Schema also:

Abb. 2

wobei A die Vergrößerung des Kapitalangebotes darstellt und B als zusätzliches Vorziel auftritt.

Mit Hilfe des Pfeilschemas kann eine andere Unterscheidung auf der Grundlage des Wirkungsverhältnisses näher verdeutlicht werden, die in der praktischen Wirtschaftspolitik eine wichtige Rolle spielt, nämlich die in *Haupt- und Nebenziele.* Ansatzpunkt für diese Unterscheidung ist der Sachverhalt, daß von der Veränderung einer Variablen eine Mehrzahl von Effekten auf *mehrere* andere Variable ausgehen. Wir wollen eine solche Variable als *mehrwertig* bezeichnen. Zur Demonstration können wir wieder unser Beispiel heranziehen, indem wir zusätzlich berücksichtigen, daß durch die Zinssatzsenkung der Devisenzustrom aus dem Ausland kurzfristig gebremst wird. Unser Schema wäre demgemäß wie folgt zu verändern:

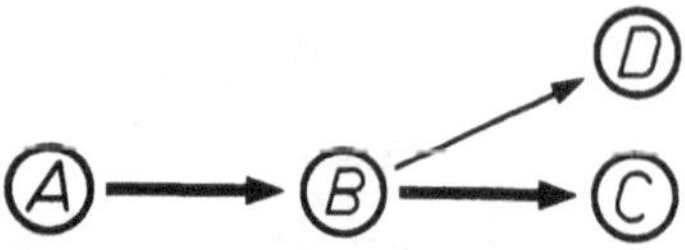

Abb. 3

D steht in unserem Schema nun für die als erwünscht angesehene Verringerung des Devisenzustromes, eines Nebenzieles, welche Eigenschaft durch *dünn* ausgezogene Pfeile markiert wird.

In der Regel haben wir es in der Empirie mit solchen mehrwertigen Variablen zu tun, d.h. mit Mehrfacheffekten, die von der Veränderung einer Variablen auf andere Variable ausgehen. Entsprechend unserer Unterscheidung in Haupt- und Nebenziele können wir diese Effekte in *Haupt- und Nebenwirkungen* einer Maßnahme aufgliedern. Die Nebenwirkungen wiederum können vom Träger der Wirtschaftspolitik erwünscht oder nicht erwünscht sein. Im letzteren Falle sprechen wir von negativen Nebenwirkungen, im ersteren Falle von positiven, die eben wegen dieser positiven Beurteilung in den Rang von *Nebenzielen* erhoben werden. Zur Demonstration wandeln wir unser Beispiel wie folgt ab: Wir nehmen an, daß das Hauptziel C die Stabilität des Geldwertes darstelle und daß deshalb eine Erhöhung des Zinssatzes erforderlich wird. A sind demzufolge die entsprechenden kreditpolitischen Maßnahmen, B ist die angestrebte Erhöhung des Zinsniveaus. Das Nebenziel D sei die Zunahme des Kapitalimports, das durch die Erhöhung des inländischen Zinsniveaus erreicht werde. Das weitere Nebenziel E sei die Förderung des Wohnungsbaues, das jedoch durch die Zinssteigerung negativ beeinflußt wird. Im Schema also:

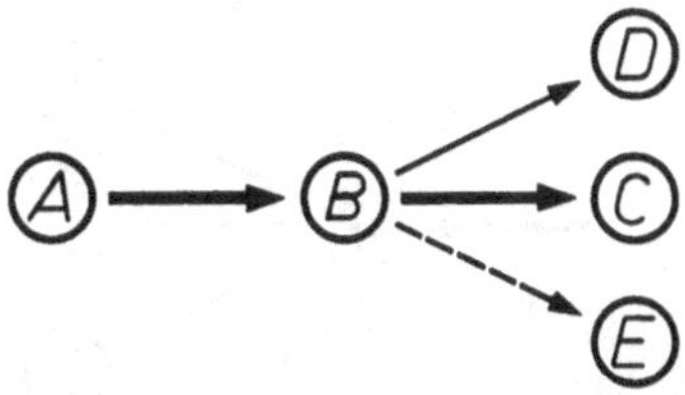

Abb. 4

Den negativ beurteilten Effekt der Zinssteigerung auf den Wohnungsbau bringen wir durch *Strichelung* des Pfeiles von B nach E zum Ausdruck. Wir stellen fest, daß unter den gesetzten Bedingungen unseres Beispieles die Realisierung des Vorzieles B die Realisierung des Nebenzieles E teilweise oder ganz unmöglich macht. Das Verhältnis der beiden Ziele ist also durch eine *Antinomie* gekennzeichnet, wobei in diesem Falle die Antinomie auf dem negativ beurteilten Effekt beruht, der von der Zinssatzsteigerung auf den Wohnungsbau ausgeht. Dagegen liegt im Verhältnis zwischen dem Vorziel B und dem Hauptziel C sowie dem Nebenziel D *Harmonie* vor. Da das Vorziel B auch gleichzeitig *Mittel* für die Verwirklichung von C und D ist, würden wir die Antinomie- bzw. Harmoniebeziehung auch dadurch zum Ausdruck bringen können, daß wir die *Geeignetheit* (für C und D) oder die *Ungeeignetheit* (für E) der Zinssatzsteigerung für die zu realisierenden Ziele feststellen. Die Frage nach der Antinomie bzw. Harmonie zwischen Vorzielen und Nachzielen, die durch die erwähnten

Kausalbeziehungen miteinander verknüpft sind, kann demzufolge durch die Zweck-Mittel-Analyse (teleologisch) beantwortet werden.

Das Problem verschiebt sich, wenn die Zielvariablen nicht zueinander im Verhältnis von Vor- und Nachzielen stehen und trotzdem Wirkungszusammenhänge zwischen den Zielen bestehen. Das entsprechende Pfeilschema sähe also wie folgt aus:

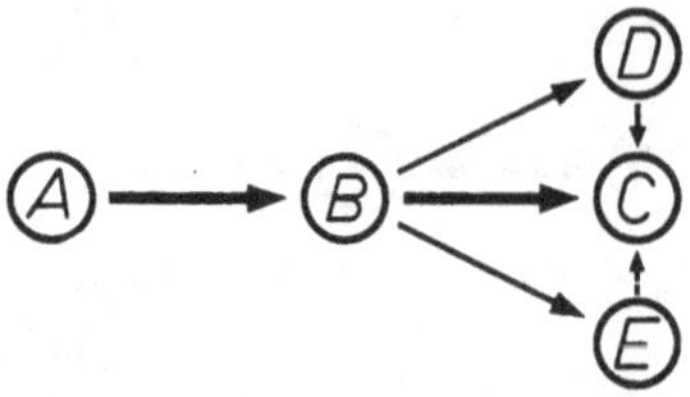

Abb. 5

Zu Demonstrationszwecken wählen wir ein Beispiel aus der Agrarpolitik. Das Hauptziel C sei die Steigerung des Pro/Kopf-Einkommens der Landwirtschaft. Als Vorziel B diene hierzu die Rationalisierung, die ihrerseits durch eine entsprechende Verbilligung von Agrarkrediten (Vorziel A) gefördert werde. Das Nebenziel D stellt eine durch die Rationalisierung bewirkte Qualitätsverbesserung der heimischen Agrarproduktion dar, die zu Absatzsteigerungen und damit zu zusätzlichen positiven Effekten auf das Hauptziel C (ausgezogener Pfeil von D nach C) führt. Das weitere Nebenziel E der Rationalisierung stelle die Minderung der Landflucht dar, in welchem Sinne sich die Rationalisierung wegen der mit ihr verbundenen Arbeitserleichterungen auswirken möge. Dieses verringerte Abströmen von Arbeitskräften aus der Landwirtschaft wirkt sich aber negativ auf das Hauptziel C, die Steigerung des Pro/Kopf-Einkommens (gestrichelter Pfeil von E nach C), aus.

Selbstverständlich ist es nicht erforderlich, daß die Neben- und Hauptziele, die zueinander im Verhältnis von Harmonie und Antinomie stehen, kausal mit dem gleichen Vorziel (wie in unserem letzten Schema mit B) verbunden sind. Denkbar sowie praktisch relevant ist daher auch die folgende Konstellation:

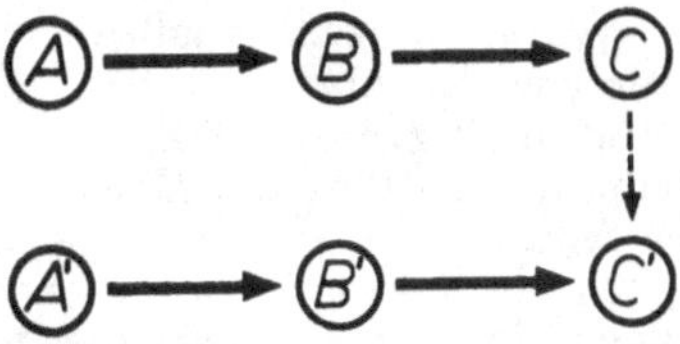

Abb. 6

Wir wollen unser Schema wiederum anhand eines einfachen Beispiels erläutern: Eines der beiden Hauptziele, C, sei wiederum die Einkommenssteigerung in der Landwirtschaft, die durch Rationalisierung (Vorziel B) und die hierzu eingesetzte Verbilligung des Agrarkredits (Vorziel A) bewirkt werde. Das andere Hauptziel C' sei die Stabilität der Währung, die durch eine gesamtwirtschaftliche monetäre Übernachfrage gefährdet sei. Das entsprechende Vorziel B' sei demzufolge der Abbau der Übernachfrage, die nach unserer Unterstellung durch eine Drosselung der Ausgaben der öffentlichen Hand für Güter und Dienstleistungen (Vorziel A') angestrebt wird. Die unerwünschte Einkommenssteigerung in der Landwirtschaft hat nun aber je nach dem Grad ihrer Realisierung gerade die Wirkung, daß von den Landwirten mehr nachgefragt wird. Durch diese Mehrnachfrage der Landwirtschaft wird jedoch das Ziel der Stabilität der Währung negativ beeinflußt (gestrichelter Pfeil von C nach C').

Solche antinomischen Beziehungen zwischen den Zielvariablen sind angesichts der Vielzahl von Zielen, die gleichzeitig angestrebt werden, in der praktischen Wirtschaftspolitik keine Seltenheit. Liegt Antinomie vor, so steht der Träger der Wirtschaftspolitik vor der Entscheidung, auf die Realisierung einer oder mehrerer Zielsetzungen zu verzichten, sofern er die volle Realisierung der übrigen antinomischen Zielsetzungen wünscht; ein möglicher Ausweg aus dem Dilemma ist der Kompromiß, bei dem quantitativ oder qualitativ auch darüber zu befinden ist, bis zu welchem Ausmaß bestimmte Zielsetzungen zu Lasten anderer Zielsetzungen verwirklicht werden sollen.

Bei der Erörterung der Antinomie bzw. Harmonie sowie auch der Neutralität zwischen Zielen auf der Basis des Wirkungszusammenhanges darf schließlich der Sachverhalt nicht übersehen werden, daß die jeweilige Situation und die damit gegebene Bedingungskonstellation eine wichtige Rolle spielen kann. So ist es beispielsweise durchaus möglich, daß die Veränderung einer Zielvariablen im Konjunkturaufschwung negative Auswirkungen auf eine andere Zielvariable hat, während im Konjunkturabschwung die gleichen Zielvariablen sich zueinander harmonisch verhalten; die gleiche Feststellung gilt analog für die Neutralitätsbeziehung.

Dieser letzte Hinweis macht auch gleichzeitig deutlich, daß die möglichst vollständige Erfassung sämtlicher Wirkungen und Nebenwirkungen für die Effizienz der praktischen Wirtschaftspolitik von nicht zu unterschätzender Bedeutung ist. Unsere Ausführungen lassen aber auch erkennen, daß diese Untersuchungen über die Wirkungszusammenhänge sowie die Verhältnisse zwischen den Zielen höchst kompliziert sein können und in der Regel auch sind. Die Vielzahl der Ziele, die Vielzahl der damit gegebenen Kausalketten, ihre Vielgliedrigkeit, die Vielzahl der Effekte sowie ihre Gegenläufigkeit (Funktionalverhältnisse), die Mehrwertigkeit der Mittel und weitere Umstände mögen in diesem Zusammenhang als Hinweise dienen, eine solche These zu erhärten. Angesichts dieser Sachlage versteht es sich von selbst, daß die Wirkungs- und Zielanalyse nur mit einer entsprechend entwickelten Theorie zufriedenstellend betrieben werden kann und daß die wissenschaftliche Wirtschaftspolitik sowie die Wirtschaftswissenschaft überhaupt hier ein dankbares Wirkungsfeld finden. Daß die wissenschaftliche Wirtschaftspolitik diese Aufgabe erkannt und in Angriff genommen hat, zeigt die Entwicklung geeigneter wissenschaftlicher Instrumente sowie Methoden, die in neuerer Zeit erarbeitet worden sind. Zu erwähnen sind hier beispielhaft die auch von uns benutzten *Pfeil-Schemata* sowie das im wesentlichen auf *Simon* zurückgehende Verfahren des „causal ordering“ in Zusammenhang mit ökonometrischen Untersuchungen. Das Anliegen der letztgenannten Arbeiten ist deshalb für die Wirkungsanalyse im Planungsstadium der Wirtschaftspolitik von besonderer Bedeutung, weil es die kausalen bzw. funktionalen Beziehungen zwischen den Variablen, Daten, Parametern usw. eines Modells sowie seine logische Struktur eindeutig in tabellarischer oder sonstiger Form festlegt und damit ständig überprüfbar macht.

Betrachten wir als das „Endziel“ der Wirtschaftspolitik die Maximierung des gesellschaftlichen Wohlstandes, so können alle übrigen Zielsetzungen der Wirtschaftspolitik als Vor- und Zwischenziele und damit als Mittel für die Verwirklichung dieses Endzieles aufgefaßt werden. In einem gewissen Sinne könnten diese Vorziele als Voraussetzungen für die Verwirklichung des Endzieles gelten. An einem einfachen Beispiel verdeutlicht: Gleichmäßiges und möglichst großes Wachstum des Sozialproduktes würde das Zwischenziel für das übergeordnete Ziel der Wohlstandssteigerung abgeben. Und auch dieses Zwischenziel erfordert die Verwirklichung weiterer Vorziele, wie beispielsweise möglichst gleichmäßig wachsende Investitionstätigkeit, freiwillige Ersparnis in Höhe dieser Investitionstätigkeit, Stabilität des Geldwertes u. a. m.

Dieser Regreß von den Nachzielen auf die Zwischen- und Vorziele könnte weiter verlängert werden, und wir würden dann feststellen, daß, je weiter wir die Kette zurückverfolgen, umso spezieller und partieller die Zielsetzungen in der Regel werden, die als Vorziele auftreten. Die gegenseitige Abstimmung sowie die Auswahl aller Zielsetzungen auf ein einziges, umfassendes Endziel hin, läßt gleichzeitig diese Zwischenziele als *Teilziele* des Endzieles erscheinen und macht sie zu Elementen eines *Zielsystems*, das sich u. a. von der bloßen Pluralität von Zielsetzungen dadurch unterscheidet, daß die Wirkungszusammenhänge hinreichend berücksichtigt sind.

Eine selbstverständliche Forderung, die für ein solches Zielsystem aufgestellt werden muß, ist außerdem, daß es den Regeln der *Logik* entsprechen muß. Die Ziele des Systems müssen, nach ihrem logischen Beziehungsverhältnis ausgewählt und geordnet werden. Die wichtigsten solcher Beziehungen für die Wirtschaftspolitik sind die *Widersprüchlichkeit* sowie die *Identität* zwischen Zielen. Im ersteren Falle liegt *logische* Unvereinbarkeit zwischen den Zielen vor; man kann logischerweise nicht gleichzeitig einen bestimmten Sachverhalt und seine Negation realisieren wollen. An einem einfachen Beispiel demonstriert: man kann bei gegebenem Einkommen nicht gleichzeitig die Zielsetzung der Steigerung der Konsumausgaben neben der Zielsetzung der Steigerung der Ersparnis verfolgen, wenn das Sparen — wie üblich — als Nicht-Konsum verstanden wird.

Liegt die Widersprüchlichkeit in diesem Falle für jedermann sichtbar offen, so ist sie in anderen Fällen nicht so einfach zu durchschauen; insbesondere dort nicht, wo es sich um Ziele handelt, die Teile einer größeren Gesamtheit darstellen. Die Widersprüchlichkeit resultiert in diesen Fällen häufig aus der Nichtbeachtung des Satzes, daß das Ganze gleich der Summe seiner Teile ist; in mathematischer Formulierung handelt es sich um den Verstoß gegen Identitätsgleichungen. Ein einfaches Beispiel ist die Identität zwischen Investition und Sparen (ex-post) $I = S$, die sich ihrerseits aus den beiden Definitionsgleichungen $Y = C + I$ und $Y = C + S$ ergibt, wobei Y für das Einkommen und C für den Konsum stehen. Obwohl diese Identität selbstverständlich erscheint, ist ihre Bedeutung sowohl in der theoretischen Betrachtung wie in der wirtschaftspolitischen Diskussion oft mißverstanden worden und hat zu wirtschaftspolitischen Fehlplanungen Anlaß gegeben.

Als *Identität* im logischen Sinne zwischen zwei oder mehreren Zielen wollen wir den Sachverhalt bezeichnen, daß es sich materiell um die gleichen Zielsetzungen handelt und nur die *Zielformulierungen* voneinander abweichen. Zu Demonstrationszwecken können wir auf die Stabilität des Geldwertes und Stabilität der Kaufkraft des Geldes als ein sehr einfaches Beispiel für identische Zielsetzungen zurückgreifen.

Die Aufstellung eines Zielsystems verlangt weiterhin die Berücksichtigung des *Zeitaspektes,* d. h. die Einordnung der Ziele in eine zeitliche Ordnung. Aus der Berücksichtigung des Sachverhaltes, daß die *Wirkungen* wirtschaftspolitischer Maßnahmen unterschiedliche Zeit erfordern, folgt beispielsweise die übliche Einteilung in *Nah-* und *Fernziele. Gleichzeitigkeit* der Zielsetzungen kann im Verhältnis von Vor- und Nachzielen dort vorliegen, wo das Vorziel als Teilziel eines übergeordneten, umfassenden Zieles auftritt, wie dies etwa für das Verhältnis von Wachstum des Sozialproduktes und Wohlstandssteigerung gilt; aus dem zeitlichen Nebeneinander wird ein Nacheinander für den Fall, daß durch die Realisierung des Vorzieles nur eine Voraussetzung für die Verwirklichung des zugehörigen Nachzieles geschaffen wird. Als aktuelles Beispiel für die letzte Beziehung kann etwa die Steigerung der Wohnungsproduktion in der Bundesrepublik für die Aufhebung oder Milderung des Preisstops für Mieten dienen.

Auf einer wiederum anderen Ebene liegt die Einordnung der Ziele in eine *Rangordnung,* die vom Träger der Wirtschaftspolitik unter Berücksichtigung des Grades ihrer *Wichtigkeit* oder Wertigkeit vorgenommen werden muß. Der Wichtigkeitsgrad ergibt sich seinerseits wiederum aus der *Präferenzskala* des Trägers der Wirtschaftspolitik. Eine solche Werthierarchie ist einmal mit Rücksicht auf die Antinomiebeziehungen zwischen den Zielen erforderlich; zum anderen aber auch deshalb, weil die wirtschaftspolitischen Maßnahmen *Kosten* verursachen und wegen dieses Kostenaspekts nicht alle Ziele bzw. die sich aus ihnen ergebenden Aufgaben in Angriff genommen werden können. Die Zielkonkurrenz führt mit Rücksicht auf die notwendige Begrenzung des finanziellen Aufwands für die wirtschaftspolitische Aktivität in anderen Fällen dazu, daß auf die volle Realisierung bestimmter Ziele verzichtet werden muß. Und schließlich zwingt die Unmöglichkeit, alle Aufgaben gleichzeitig in Angriff zu nehmen, zur Aufstellung von Prioritäten für die einzelnen Ziele.

6. Die Mittel

6.1 Die Problematik der Mittelwahl

Aus den vorstehenden Überlegungen zur Zielproblematik ist unschwer zu entnehmen, daß die Fixierung des Zielsystems bzw. Zielbündels materiell auf eine Entscheidung über die *zukünftige* Entwicklung „ökonomischer" Sachverhalte hinausläuft. Unsere Ausführungen haben außerdem deutlich gemacht, daß die von den Trägern der Wirtschaftspolitik zu fällenden Entscheidungen über die Ziele das Kernproblem der wirtschaftspolitischen Aktivität ausmachen. Sie stellen damit die mit Abstand wichtigste Aufgabe des Trägers der Wirtschaftspolitik in jener Phase wirtschaftspolitischen Handelns dar, die wir als die Entscheidungsphase bezeichnet haben.

In diese Phase der Wirtschaftspolitik fällt nun auch die Entscheidung über diejenigen wirtschaftspolitischen Maßnahmen, durch deren Einsatz das festgelegte Zielbündel verwirklicht werden kann, sofern solche Maßnahmen überhaupt notwendig werden. Entsprechend der logischen Struktur wirtschaftspolitischen Handelns geht nämlich der Auswahl der wirtschaftspolitischen Maßnahmen die logisch primäre Entscheidung voraus, ob überhaupt wirtschaftspolitische Maßnahmen zu ergreifen sind oder nicht. Diese letztere Entscheidung ergibt sich aus dem Vergleich zwischen der prognostizierten zeitlichen Entwicklung bestimmter ökonomischer Sachverhalte (Zielsachverhalte) einerseits, so wie sie sich unter dem Einfluß bereits erfolgter wirtschaftspolitischer Eingriffe ergeben würde und der erfolgten zielmäßigen Fixierung der gleichen Sachverhalte andererseits. Nur für den Fall der Abweichung des prognostizierten Wertes der Zielsachverhalte von ihrem durch den Träger der Wirtschaftspolitik festgelegten Wert ergibt sich verständlicherweise die Notwendigkeit zu wirtschaftspolitischen Eingriffen.

Nehmen wir zur Erläuterung ein einfaches Beispiel zu Hilfe: Der Zielsachverhalt sei die Beschäftigung in einer Volkswirtschaft, die der Träger der Wirtschaftspolitik wertmäßig auf 97 % der Vollbeschäftigung für das Ende des laufenden Kalenderjahres fixiert habe. Die wertmäßige Prognose der Beschäftigung für den gleichen Zeitpunkt ergebe unter Berücksichtigung aller bereits ergriffenen wirtschaftspolitischen Maßnahmen den gleichen Prozentsatz. Da der Vergleich zwischen beiden Werten keine Abweichungen ergibt, sind weitere wirtschaftspolitische Maßnahmen nicht erforderlich.

In aller Regel ergibt der Vergleich in der wirtschaftspolitischen Praxis aber *Abweichungen* zwischen dem prognostizierten und dem durch den Träger der Wirtschaftspolitik festgelegten Wert der Zielsachverhalte, womit ihre Übereinstimmung in wenigen Ausnahmefällen nicht bestritten werden soll. Insbesondere in den Fällen, in denen der Vergleich auf einen einzigen Zielsachverhalt — wie in unserem Beispiel — begrenzt wird, ist Übereinstimmung theoretisch und praktisch möglich. Für die praktische Wirtschaftspolitik sind jedoch solche einfachen Fälle ziemlich uninteressant, weil hier ständig der Vergleich zwischen einer *Vielzahl* von Zielsachverhalten durchgeführt werden muß, von denen außerdem noch die meisten im Verhältnis der Interdependenz zueinander stehen. Dieser wichtige Umstand bedingt, daß jede Korrektur bei der Festlegung des Wertes auch nur *eines* Zielsachverhaltes durch den Träder der Wirtschaftspolitik zu entsprechenden Korrekturen bei einer Vielzahl anderer Zielsachverhalte führen muß mit der Folge, daß die erwähnten Abweichungen von den prognostizierten Werten zur Regel werden.

Das schwierige Geschäft der Auswahl geeigneter wirtschaftspolitischer Maßnahmen bleibt also der wirtschaftspolitischen Praxis selten erspart. Im Prinzip stellen sich diese Maßnahmen als die bewußt vorgenommene oder herbeigeführte Änderung von anderen Sachverhalten dar, von denen man aus der praktischen Erfahrung sowie analytischem Räsonnement weiß, daß sie in einem Ursache-Wirkungsverhältnis und damit auch in dem geschilderten Zweck-Mittel-Verhältnis zu den interessierenden Zielsachverhalten stehen. Diese Sachverhalte sind uns bereits als die *Mittel* oder *Instrumente* der Wirtschaftspolitik begegnet. Ihr Katalog ist außerordentlich zahlreich, und entsprechend vielfältig sind ihre Kombinationsmöglichkeiten, so daß wir uns schon um eine Systematik bemühen müssen, wollen wir sie mit nur einigem Anspruch auf Vollständigkeit behandeln.

Bei dieser Systematik wollen wir weitgehend von den Äußerlichkeiten ihres Einsatzes absehen, soweit sie für die Gewinnung theoretisch oder praktisch wichtiger Ergebnisse unerheblich sind. Zu solchen Äußerlichkeiten zählen wir im allgemeinen die administrativen, juristischen, politischen, institutionellen usw. Gegebenheiten und Besonderheiten, unter denen ihr Einsatz erfolgt. Da unser Hauptinteresse den *Wirkungen* der wirtschaftspolitischen Maßnahmen und den damit zusammenhängenden Problemen wie Effizienz, Vorausberechenbarkeit, Erfolgsbedingungen usw. gilt, können wir auf diese Einzelheiten verzichten.

Damit soll natürlich nicht zum Ausdruck gebracht werden, daß diese Besonderheiten, die den Mitteleinsatz begleiten, überhaupt bedeutungslos seien. Für die Staats- und Gesellschaftspolitik können sie sogar von überragender Bedeutung sein, wie uns das Beispiel der *gesetzlichen Fundierung* wirtschaftspolitischer Maßnahmen zeigt. Da wirtschaftspolitische Eingriffe fast immer — wie wir gesehen haben — zu Einkommensumverteilungen innerhalb der Wirtschaftsgesellschaft führen, ist unter rechtsstaatlichen Aspekten nicht nur die Frage von erheblichem Interesse, ob die jeweiligen Träger der Wirtschaftspolitik die Maßnahmen mit oder ohne gesetzliche Ermächtigung durchführen, d. h. durch Gesetz überhaupt dazu legimitiert sind; auch die Fragen des Ermessensspielraumes sowie der Technik (Erlaß, Durchführungsverordnung durch die zuständige Behörde oder Gesetz) spielen in diesem Zusammenhang eine nicht minder wichtige Rolle.

Der Wirtschaftspolitiker wird diese formalen Aspekte des Mitteleinsatzes ständig im Auge behalten müssen für den Fall, daß der angestrebte Erfolg seiner Maßnahmen einmal von ihnen mehr oder weniger stark abhängt; der maßgebliche Gesichtspunkt für ihn ist ja bei der Mittelauswahl die praktische Geeignetheit der Mittel für die Realisierung seiner wirtschaftspolitischen Zielsetzungen.

Allerdings ist dies nicht das einzige Kriterium, das er seiner Entscheidung zugrundelegt. Wir haben ja bereits bei der Darstellung der Wirkungen wirtschaftspolitischer Maßnahmen auf die *Nebenwirkungen* aufmerksam gemacht, die berücksichtigt werden wollen. Hier ist nun noch zusätzlich auf die *materiellen* und *immateriellen* Kosten hinzuweisen, die der Mitteleinsatz verursacht. Diese immateriellen Kosten, die sich in einer Minderung des ökonomischen Wohlstandes von Mitgliedern der Wirtschaftsgesellschaft äußern, können im Einzelfalle beachtlich sein, wie das Beispiel der Einschränkung der Dispositionsfreiheit und des Dispositionsbereiches von Produzenten, Investoren, Verbrauchern u.a.m. in einer Wirtschaftsgesellschaft verdeutlichen mag, in der die Freiheit der ökonomischen Wahlhandlungen einen hohen Rang in der Präferenzskala der Individuen aufweist.

Und schließlich muß auch bereits an dieser Stelle auf das Kriterium der *Systemkonformität* der Maßnahmen hingewiesen werden, auf das wir weiter unten noch ausführlich eingehen werden. Die Berücksichtigung dieses Kriteriums bei der Mittelauswahl neben den erwähnten (Zielkonformität und Kosten) stellt sicher, daß durch den Mitteleinsatz das jeweilige Wirtschaftssystem nach Richtung und Ausmaß nur in dem Umfang geändert wird, wie es dem Träger der Wirtschaftspolitik zulässig bzw. wünschenswert erscheint.

6.2 Mikro-ökonomische Ansatzpunkte

Wir umschrieben weiter oben die wirtschaftspolitischen Maßnahmen als die durch den Träger der Wirtschaftspolitik vorgenommene Änderung von ökonomischen Sachverhalten (Mittelsachverhalte) zwecks Beeinflussung anderer Sachverhalte (Zielsachverhalte), die mit ersteren in einem Beziehungs- und Wirkungszusammenhang stehen.

Die durch die Änderung des Mittelsachverhaltes bewirkte Änderung des Zielsachverhaltes erfolgt nun keineswegs „automatisch"; sie ist vielmehr das Ergebnis erwarteter bzw. antizipierter *Anpassungsreaktionen* von Wirtschaftssubjekten auf die Änderung des Mittelsachverhaltes. Wir verweisen in diesem Zusammenhang auf unsere Ausführungen über die *Wirkungen* wirtschaftspolitischer Maßnahmen, in denen wir bereits auf diesen Umstand eingegangen waren. Über diesen Wirkungsmechanismus wollen wir uns an dieser Stelle nun weitere Einsichten beschaffen.

Dabei greifen wir zweckmäßigerweise auf unsere Definition zurück, nach der die Wirtschaftspolitik sich als eine außerhalb des Wirtschaftens vollziehende Aktivität darstellt, durch die das Wirtschaften von Mitgliedern der Wirtschaftsgesellschaft zwecks Verwirklichung ökonomischer Zielsetzungen beeinflußt werden soll. Was bei unseren gegenwärtigen Erörterungen über die Mittel der Wirtschaftspolitik an dieser Definition besonders interessiert, ist die Beeinflussung des Wirtschaftens, das wir als die Aufstellung und den Vollzug von Wirtschaftsplänen charakterisiert hatten. Gliedern wir die so charakterisierte Wirtschaftsaktivität in ihre einzelnen Komponenten auf, so erhalten wir damit die *mikroökonomischen Ansatzpunkte* der wirtschaftspolitischen Maßnahmen und gleichzeitig eine mögliche Gliederungssystematik für die wirtschaftspolitischen Maßnahmen selbst. Sehen wir uns deshalb diese Komponenten etwas näher an, indem wir *Pütz* in seinem Systematisierungsvorschlag mit einigen Abänderungen folgen!

Da sind als erste die *Plandaten* zu erwähnen, d. h. diejenigen ökonomischen Sachverhalte, die das Wirtschaftssubjekt aus seiner individuellen Sicht als bedeutsam für den Erfolg seines Wirtschaftens erachtet und als *gegeben* in seinen Wirtschaftsplan einsetzt. Daher die Bezeichnung

„Datum“ für diesen Sachverhalt. Beispiele für solche Sachverhalte, die als Daten in die Wirtschaftspläne eingehen können, sind: die Beschaffungspreise für Produktionsmittel und Konsumgüter in Erwerbs- und Verbrauchswirtschaftsplänen, die Absatzpreise für Fertigprodukte in Absatzplänen bei Mengenanpassung, Umfang und Zusammensetzung des Konsumgüterangebots in Verbrauchswirtschaftsplänen, Fertigungskapazitäten bei Produktionsplänen, Zinssätze bei der Investitionsplanung, juristische und institutionelle Modalitäten bei der Absatz- und Beschaffungsplanung, input-output-Relationen bei der Produktionsplanung u.a.m. Ändern sich diese Daten, so reagiert das Wirtschaftssubjekt mit Änderungen seines Wirtschaftsplanes, weil sich die Bedingungen für den Erfolg seines Wirtschaftens geändert haben. Die Wirtschaftspolitik kann sich dieser Anpassungsreaktionen für die Verwirklichung bestimmter Zielsetzungen bedienen, indem sie die Daten in der Richtung und in dem Ausmaß verändert, wie dies im Hinblick auf die Zielsetzung und unter Berücksichtigung der erwarteten Anpassungsreaktionen zweckmäßig erscheint. Wenige Beispiele können diesen Zusammenhang verdeutlichen: Die Zentralnotenbank erhöht den Diskontsatz, um die nachgefragte Kreditmenge einzuschränken; sie erhöht die Mindestreservesätze bei den Kreditbanken, um die Ausweitung des Kreditvolumens via Buchgeldschöpfung zu verringern. Der Wechselkurs wird gesenkt, um die auf Auslandsmärkten angebotene Menge an Gütern und Dienstleistungen zu vergrößern; die Teilzahlungsgesetzgebung wird verschärft, um das nachgefragte Volumen an Konsumentenkredit zu verringern; die Steuergesetzgebung wird geändert, um die Abschreibungen zu begünstigen und damit die Investitionsgüternachfrage zu beleben; die Wettbewerbsgesetzgebung wird verschärft, um die Anbieter durch erhöhten Wettbewerbsdruck zu veranlassen, Rationalisierungsvorteile in Form von niedrigeren Preisen an die Abnehmer weiterzugeben.

Wir haben uns in unserer Aufzählung aus Raumgründen auf wenige Beispiele aus dem nahezu unübersehbaren Katalog solcher wirtschaftspolitischer Datenveränderungen beschränken müssen. Um mögliche Mißverständnisse zu vermeiden, sei abschließend hinzugefügt, daß nicht alle Plandaten der bewußten Änderung durch die Wirtschaftspolitik offenstehen und andere nur in Ausnahmefällen. Selbstverständliche Voraussetzung ist immer, daß die Wirtschaftsgesetzgebung und die wirtschaftspolitische „Generallinie“ bzw. das wirtschaftspolitische Konzept den Einsatz dieser Kategorie von Maßnahmen gestatten.

Nach den Plandaten sind die *Planelemente* zu erwähnen. Diese Planelemente sind diejenigen Bestandteile des Wirtschaftsplanes, die der qualitativen und quantitativen Veränderung und Gestaltung durch das Wirtschaftssubjekt zugänglich sind. Auch hierfür wieder einige Beispiele: Beschaffungs- und Absatzpreise bei entsprechenden Marktformen, Absatz- und Beschaffungsmengen, Qualitäten von Input und Output, Ort und Zeitpunkt des Absatzes, Lieferungs- und Absatzkanäle, Substitution der Produktionsfaktoren bei Produktionsplänen und der Konsumgüter bei Verbrauchsplänen; Kapazitätsnutzung und Kapazitätserweiterung; Transportwege und Transportmittel; Art und Umfang des Produktionsprogrammes u.a.m.

Die Entscheidung des Wirtschaftssubjektes zugunsten einer bestimmten Gestaltung der Planelemente bezeichnen wir als seine Wahlhandlungen. Wie unsere Aufzählung deutlich macht, ist die Trennung von Plandaten und Planelementen nicht immer exakt durchzuführen. Trotzdem macht sie sichtbar, daß der wirtschaftspolitische Eingriff in diesem Falle auf einer anderen Planebene erfolgt; wurden bei der vorhergehenden Kategorie von Maßnahmen die Plandaten verändert, um die beabsichtigte Änderung der Planelemente im Wege der Anpassungsreaktion von seiten der Wirtschaftssubjekte zu erzielen, so sind es hier die Planelemente, die dem *direkten* wirtschaftspolitischen Eingriff unterliegen. Wirtschaftspolitische Eingriffe dieser Art sind: Fest-, Richt-, Höchst- und Mindestpreise, Lieferungs- und Abnahmequoten, Rationierung, Beimischungszwang, Verwendungszwang, Qualitätsvorschriften, steuerliche Präferenzen für den Bezug und Absatz von und nach bestimmten Standorten, Liefersperren und staatliche Lagerhaltungsmaßnahmen, Vorschriften über die Benutzung bestimmter Lieferungs- und Absatzwege, Investitionsgebote und -verbote sowie Maßnahmen der Investitionsförderung, Tarifpolitik, Maßnahmen der Sortimentsbeschränkung und -abgrenzung in Zusammenhang mit gewerbepolitischen Maßnahmen u.a.m.

Ebenso wie die Plandaten und Planelemente stehen auch die *Planziele* der Wirtschaftssubjekte der Beeinflussung durch wirtschaftspolitische Maßnahmen offen. Unter Planzielen verstehen wir dabei die (individuellen) Zielsetzungen der Wirtschaftssubjekte, auf die hin ihr Wirtschaften ausgerichtet ist, und die sie möglichst vollständig zu verwirklichen suchen. Als Beispiele für solche Planziele können wir aus der mikro-ökonomischen Gleichgewichtstheorie die Nutzenmaximierung in Verbrauchswirtschaftsplänen oder die Einkommensmaximierung in Erwerbswirtschaftsplänen anführen.

Wie wir aus der Erfahrung wissen, verfolgen die Wirtschaftssubjekte in der Praxis nicht eine einzige Zielsetzung, wie dies aus Gründen der Vereinfachung in der mikro-ökonomischen Modellbetrachtung unterstellt wird, und auch nicht immer die eben zitierten. Vielmehr geht es in der Empirie immer um die Realisierung eines Bündels von Primär- und Sekundärzielen, welch letztere häufig den Charakter von *Nebenbedingungen* annehmen, unter denen das oder die Primärziele zu realisieren ist bzw. sind. Als Beispiel für ein häufiges weiteres Primärziel neben der Einkommensmaximierung können wir für Erwerbswirtschaftspläne die Sicherung eines bestimmten Ausmaßes an Freizeit anführen. Von den vielen möglichen Sekundärzielen seien nur einige wenige herausgegriffen: das Ziel der *zeitlichen* Einkommenssicherung (soziale Sicherheit), soziales Prestige beim Einkommenserwerb und bei der Einkommensverwendung, Erhaltung der Gesundheit und Arbeitsfähigkeit, Arbeitsfreude und Arbeitsfrieden u.a.m.

Es ist offensichtlich, daß angesichts dieser Vielzahl individueller Planziele der staatlichen Wirtschaftspolitk eine stattliche Anzahl von Maßnahmen zu ihrer Beeinflussung offensteht, die wir als Maßnahmen der *Motivbeeinflussung* bezeichnen wollen. Mit diesen Maßnahmen bewegt sich der Staat auf einem Gebiet, auf dem er sich zwar schon lange betätigt, das aber erst in neuerer Zeit einer systematischen Erforschung und Bearbeitung durch die Wirtschaftswissenschaft in Zusammenarbeit mit der Soziologie und Psychologie unterzogen wurde. Für diese neue Disziplin hat sich im deutschen Sprachbereich die Bezeichnung *Verhaltensforschung* eingebürgert. Da diese Planziele offensichtlich in engstem Zusammenhang mit der (individuellen) Präferenzstruktur der Wirtschaftssubjekte stehen, laufen diese Maßnahmen im Kern auf eine Änderung der Präferenzstruktur der Wirtschaftssubjekte hinaus. Beispiele für Maßnahmen der Motivbeeinflussung sind: Aufklärung und Empfehlungen zur Wichtigkeit des Urlaubs für die Erhaltung der Arbeitsfähigkeit, aufklärende Werbung für die private Vermögensbildung, Empfehlungen gegen den Konsum gesundheitsschädigender Genußmittel, Empfehlungen für den Verbrauch bestimmter Konsumgüter usw.

Von den Planzielen ist das *Planverhalten* zu unterscheiden, das den letzten mikro-ökonomischen Ansatzpunkt wirtschaftspolitischer Beeinflussung darstellt, den wir hier erwähnen wollen. Zu diesem Planverhalten wollen wir nicht nur die *Verhaltensweisen* i. S. der Marktformentheorie zählen (Mengenanpassung, Mengenfixierung, Preisfixierung usw.), sondern auch den Grad der Rationalität des Wirtschaftens, die Konsum-, Spar- und Investitionsneigung, die Liquiditätspräferenz, das „Inflationsbewußtsein", die „Geldillusion" (Denken und Planen in Geldgrößen ohne Berücksichtigung der Realgrößen), Erwartungen über die zukünftige ökonomische Entwicklung sowie andere Phänomene des Planverhaltens, die wir aus Raumgründen unerwähnt lassen. Wie die Aufzählung deutlich macht, gründen diese Phänomene des Planverhaltens mehr oder weniger stark auf psychologischen Gegebenheiten der wirtschaftenden Individuen und weisen insofern eine gewisse Verwandtschaft zu den Planzielen auf. Abweichend von diesen liegt jedoch die Hauptbedeutung des Planverhaltens darin, daß es *Art und Weise* der Realisierung der Planziele bestimmt.

Dieses Planverhalten ist, wie die Erfahrung zeigt, durch entsprechende wirtschaftspolitische Maßnahmen zu beeinflussen, wenn auch nur innerhalb bestimmter — von Fall zu Fall variierender — Grenzen. Angesichts des Umstandes, daß dieses Planverhalten mit seinen Wurzeln auch in den Bezirk des Psychischen und Unterbewußten hineinreicht, geht es bei diesen Maßnahmen in erster Linie um versichernde und beruhigende Erklärungen, optimistische bzw. pessimistische Ankündigungen, stimulierende oder abschwächende Appelle, Aufklärung, Zusicherungen, Befürchtungen u.a.m. Im saloppen Journalisten-Jargon wird diese Art von Wirtschaftspolitik daher auch treffend als „Psycho-Politik“ oder wirtschaftspolitische „Seelen-Massage“ bezeichnet. Die Zielsetzung dieser Maßnahmen ist die gleiche wie die der vorerwähnten: die Wirtschaftssubjekte zu solchen Entscheidungen und damit Ergebnissen ihres individuellen Wirtschaftens zu veranlassen, wie dies im Hinblick auf die erfolgte Fixierung der Zielsachverhalte bzw. Zielvariablen zweckmäßig erscheint.

6.3 Qualitative und quantitative Instrumente

Die nächste Unterscheidung bezüglich der Instrumente der Wirtschaftspolitik, die wir behandeln wollen, ist die in *qualitative* und *quantitative* Instrumente der Wirtschaftspolitik. Das Unterscheidungskriterium ist hier nicht der mikro-ökonomische Ansatzpunkt, sondern die *Quantifizierbarkeit* der mit der wirtschaftspolitischen Maßnahme vorgenommenen Änderung (bzw. Beibehaltung) des Instrument-Sachverhaltes. Ist die Maßnahme in diesem Sinne quantitativ meßbar, so sprechen wir von *quantitativen* Mitteln der Wirtschaftspolitik; ist das nicht der Fall, entsprechend von *qualitativen* Mitteln. Analog wollen wir diejenige wirtschaftspolitische Aktivität, die sich quantitativer Maßnahmen im beschriebenen Sinne bedient, als *quantitative Wirtschaftspolitik* im Gegensatz zur *qualitativen Wirtschaftspolitik* bezeichnen, wo die Maßnahmen qualitativer Natur sind.

Wir stellen hier mit Absicht auf die Quantifizierbarkeit des *Mitteleinsatzes* und nicht — wie dies theoretisch ebenfalls denkbar wäre — auf die Quantifizierbarkeit der durch den Mitteleinsatz bewirkten Änderung des Zielsachverhaltes ab. Der Grund für dieses Vorgehen ist methodologischer Natur: Sind nämlich die Änderungen der wirtschaftspolitischen Instrumentsachverhalte quantifizierbar, so kann das jeweils interessierende wirtschaftspolitische Problem einer systematischen Lösung in der Form eines *Dezisionsmodells* zugeführt werden, sofern auch die angestrebte Änderung der Zielsachverhalte (kardinal) quantifizierbar ist. Wie wir bereits wissen, ist ein solches Dezisionsmodell ein Gleichungssystem, dessen Elemente über entsprechende Definitions-, Bestimmungs- und Verhaltensgleichungen miteinander verknüpft werden. Bei Quantifizierbarkeit des Mitteleinsatzes können also die jeweiligen Mittel als Variable im mathematischen Sinne (Parameter) in solche Dezisionsmodelle eingehen.

Für die praktische Wirtschaftspolitik ist dieser methodologische Aspekt von nicht zu unterschätzender Bedeutung; gestattet doch die Verwendung von Dezisionsmodellen, die Rationalität und Effizienz der Wirtschaftspolitik dadurch zu verbessern, daß die wirtschaftspolitischen Entscheidungen auf eine etwas sicherere Grundlage gestellt werden können. Das Beispiel der Niederlande sowie Norwegens, wo bereits praktische Erfahrungen mit Dezisionsmodellen vorliegen, kann als Stütze für diese These gelten.

Im Falle der *qualitativen* Wirtschaftspolitik ist eine solche systematische Lösung der jeweils zur Entscheidung anstehenden wirtschaftspolitischen Probleme nicht oder doch nur selten möglich. Das Auffinden der jeweils besten Lösung kann hier nur über die Methode von „Versuch und Irrtum" bewerkstelligt werden. Bei dieser Methode wird *eine* Alternative aus der in der Regel offenstehenden Vielzahl von wirtschaftspolitischen Alternativen — oder eine begrenzte Kombination aus ihnen — praktisch versucht und das sich einstellende Ergebnis entscheidet über Richtigkeit oder Unrichtigkeit der getroffenen Wahl unter den Alternativen. Stellt sich der gewünschte Erfolg nicht ein, so werden die getroffenen Maßnahmen durch andere ersetzt, ergänzt oder verstärkt bzw. abgeschwächt, und diese Korrektur muß im Prinzip solange wiederholt werden, bis die gewünschte Änderung des jeweiligen Zielsachverhaltes erreicht ist.

Zur Verdeutlichung wählen wir ein einfaches Beispiel aus der Raumwirtschaftspolitik: Dem Träger der Wirtschaftspolitik stehen für die Beseitigung der regionalen Arbeitslosigkeit eine Reihe von Instrumenten wie beispielsweise Neuansiedlung von Unternehmungen in den betroffenen Gebieten, Erhöhung der Mobilität der Arbeiter, regional gezielte Vergabe öffentlicher Aufträge, bessere verkehrsmäßige Erschließung des Gebietes u.a. zur Verfügung. Er entscheide sich, so wollen wir unterstellen, für die letzterwähnte Maßnahme. Stellt er fest, daß diese Maßnahme keine oder zu geringe Wirkungen zeitigt, so wird er die Ansiedlung von Unternehmen unter Beibehaltung oder Aufgabe der bereits ergriffenen Maßnahme fördern. Diese Korrektur durch Ergänzung oder Ersetzung wird solange fortgeführt, bis der Träger der Wirtschaftspolitik sich schrittweise bei kontinuierlicher Ausschaltung der wenig oder nicht geeigneten Alternativen an die richtige Lösung herangetastet hat. Es versteht sich von selbst, daß die Träger der Wirtschaftspolitik angesichts der Vielzahl von Alternativen vor einer ziemlich hoffnungslosen Aufgabe stünden, verfügten sie nicht über wirtschaftspolitische Erfahrungen aus der Vergangenheit sowie Einsichten über Gesetzmäßigkeiten und Wirkungszusammenhänge, die die Anzahl der erfolgversprechenden Alternativen auf eine handliche Ziffer reduzieren. Nur so wird ja erklärlich, daß auch die qualitative Wirtschaftspolitik, die ein wichtiges Betätigungsfeld der praktischen Wirtschaftspolitik darstellt, doch erfolgreich und mit beachtlicher Rationalität betrieben werden kann und faktisch auch betrieben wird.

Die vorgenommene Unterscheidung zwischen Quantifizierbarkeit der durch den Mitteleinsatz vollzogenen Änderung des Mittelsachverhaltes und Quantifizierbarkeit der dadurch bewirkten Änderung des Zielsachverhaltes wäre mit Rücksicht auf die Gegenüberstellung von quantitativer und qualitativer Wirtschaftspolitik nicht erforderlich, wenn quantitativer Mitteleinsatz immer oder doch in der Regel mit der Verwirklichung quantitativer Zielsetzungen parallel ginge. Leider besteht jedoch keine solche Korrespondenz zwischen quantitativen Instrumenten und quantitativen Zielsetzungen der Wirtschaftspolitik. Quantitative Zielsetzungen können auch mit qualitativen Mitteln verwirklicht werden, wie auch umgekehrt qualitative Zielsetzungen mit quantitativen Mitteln erreicht werden können. Das wird deutlich an der nun folgenden beispielhaften Aufzählung von quantitativen Mitteln: Veränderung des Diskontsatzes, Mindestreservesatzes, Wechselkurses, des im Nicht-Banken-Sektor befindlichen Zentralbankgeldvolumens, der Zoll- und Steuersätze, der Gehälter und Löhne der öffentlichen Bediensteten, des Ausgabenvolumens der öffentlichen Haushalte, der Verkehrstarife, der Subventionen, Einführung zusätzlicher Steuern, Änderung von staatlich gebundenen Preisen, gütermäßige Ausdehnung der Rationierung und Kontingentierung, Änderung der Beimischungs- und Verwendungsquoten, Ablieferungs- und Andienungsquoten usw.

Von den angeführten Instrumenten zeitigen einige neben quantitativen auch qualitative Effekte, die je nach Lage der Dinge den Rang von Haupt- oder Nebenzielen einnehmen können. So etwa die Veränderung der Diskontsätze, durch welche die Wettbewerbsverhältnisse an den Inlandsmärkten beeinflußt werden können; oder die Subventionen, mit deren Hilfe ebenfalls die Wettbewerbsverhältnisse sowie die Zusammensetzung des Güterangebots beeinflußt werden können; durch die Tarifpolitik im Verkehrswesen werden nicht nur die Wettbewerbsverhältnisse, sondern auch die Standortverteilung beeinflußt usw.

Ähnliches gilt umgekehrt für die qualitativen Instrumente, für die wir ebenfalls einige Beispiele zitieren wollen: Verstaatlichung oder Privatisierung von Wirtschaftszweigen, Verschärfung der Rediskontierungs- und Lombardierungsbedingungen durch die Zentralnotenbank, Einführung bzw. Aufhebung der Rationierung und Kontingentierung, Änderung der Bedingungen für den Transfer im internationalen Zahlungsverkehr, Verstärkung des Wettbewerbs durch Gründung staatlicher Konkurrenzunternehmungen, Änderung der Bedingungen im öffentlichen Vergabewesen mit raumwirtschaftlichen Zielsetzungen, Änderung von Zulassungsbeschränkungen, Änderung der Wettbewerbsgesetzgebung, Liefersperren im Außenhandel, Importverbote u.a.m.

Die Verwendungsmöglichkeit der qualitativen Instrumente für die Erzielung quantitativer Effekte ist noch sehr viel ausgeprägter als die der quantitativen Instrumente hinsichtlich ihrer qualitativen Effekte, da sich ihr Einsatz *generell* in Änderungen von Mengen und / oder Preisen niederschlägt (auch *neben* den beabsichtigten oder unbeabsichtigten qualitativen Wirkungen). Je nach Situation können diese quantitativen Effekte in den Rang von Haupt-, Zwischen- oder Nebenzielen erhoben werden. Es ist deshalb auch nicht erforderlich, von den angeführten qualitativen Instrumenten, durch welche *Grundlagen*, *Struktur* und *Organisation* der Wirtschaft verändert werden, einige herauszugreifen, um an ihnen die quantitativen Effekte zu demonstrieren.

Die Nutzanwendung, die wir also auch aus diesen Überlegungen für die Klassifizierung in quantitative und qualitative Instrumente der Wirtschaftspolitik ziehen können, ist die, daß zweckmäßigerweise bei ihrer Zuordnung nicht auf das Vorliegen qualitativer oder quantitativer Effekte oder Zielsetzungen abgestellt wird, sondern ausschließlich auf die *quantitative oder qualitative Änderung des Mittelsachverhaltes.*

6.4 Autonome und nicht-autonome Instrumente

Für die praktische Wirtschaftspolitik ist die nun zu besprechende Unterscheidung in autonome und nicht-autonome Instrumente von noch größerer Bedeutung als die in qualitative und quantitative Mittel. In die Literatur ist die zu behandelnde Gegenüberstellung zwar mit einer etwas anderen Terminologie als der von uns gewählten — nämlich kontrollierbare und nicht-kontrollierbare Instrumente — eingeführt worden (*B. Hansen*); inhaltlich handelt es sich jedoch im wesentlichen um die gleiche Unterscheidung, und wir haben nur die geänderte Formulierung gewählt, weil sie den interessierenden Sachverhalt u.E. klarer und unmißverständlicher artikuliert.

Der der Gegenüberstellung zugrunde liegende Sachverhalt ist nämlich der folgende: Kein Träger von Wirtschaftspolitik verfügt über sämtliche Instrumente der Wirtschaftspolitik, weil die faktische Zuständigkeit für bestimmte Maßnahmen bei anderen Trägern der Wirtschaftspolitik liegt oder weil sie zwischen einer Mehrzahl von Trägern der Wirtschaftspolitik geteilt ist. Das hat zur Folge, daß er bestimmte ökonomische Sachverhalte, denen im Hinblick auf wirtschaftspolitische Zielsetzungen instrumentaler Charakter zukommt, überhaupt nicht von sich aus verändern kann oder nur bei entsprechender Kooperation von seiten anderer Träger der Wirtschaftspolitik. Diese Instrumentsachverhalte bzw. Instrumentvariablen bezeichnen wir abgekürzt als *nicht-autonome* Instrumente (nicht zu verwechseln mit nicht-autonomen Instrumenten in Dezisions-Modellen, in denen Nicht-Autonomie *Interdependenz* zwischen Instrumenten bedeutet).

Zur Verdeutlichung unserer Gedankenführung wählen wir ein einfaches Beispiel: Die Handelsbilanz eines Landes weise ein Ungleichgewicht in der Form permanenter Überschüsse auf. Die wirtschaftspolitische Zielsetzung (Zielsachverhalt) sei also neben anderen die Beseitigung dieses Ungleichgewichtes. Von den verschiedenen Instrumenten, die zur Erreichung dieser Zielsetzung eingesetzt werden können, ist die Wechselkursänderung in vielen Ländern ein nicht-autonomes Instrument, da Regierung und Zentralnotenbank nur *gemeinsam* den Wechselkurs ändern können.

Immerhin verfügen in diesem Falle *staatliche* bzw. *halbstaatliche* Träger der Wirtschaftspolitik bei aufgeteilter Kompetenz immer noch über ein wichtiges wirtschaftspolitisches Instrument in dem Sinne, daß sie *gemeinsam* die erforderliche Änderung der Instrumentvariablen durch wirtschaftspolitischen Akt vornehmen können. Noch ungünstiger liegen für den oder die staatlichen Träger der Wirtschaftspolitik die Verhältnisse im Hinblick auf eine andere Instrumentvariable, zu deren Einsatz es der Mitwirkung *privater* Träger der Wirtschaftspolitik bedarf. Häufig ist eine solche Mitwirkung der Verbände, die sich wirtschaftspolitisch betätigen, im Bereich der *Verhaltenspolitik* erforderlich oder doch nützlich. Als praktisches Beispiel kann die Konjunkturpolitik dienen: Der Appell der öffentlichen Träger der Wirtschaftspolitik an die Preisdisziplin in einer Phase der Konjunkturüberhitzung bleibt möglicherweise ohne Wirkung, wenn nicht die Wirtschaftsverbände selbst sich hinter diesen Appell stellen.

Unser letztes Beispiel macht deutlich, daß der Einsatz solcher und ähnlicher Instrumente der Wirtschaftspolitik die staatlichen Träger der Wirtschaftspolitik vor noch kompliziertere Probleme stellt, als dies bei *Kooperation* mit anderen öffentlichen Trägern der Wirtschaftspolitik in der Regel der Fall ist, die ja auch nicht immer ein leichtes Geschäft ist. Unter dem Gesichtspunkt der Effizienz und Rationalität der Wirtschaftspolitik wird er den autonomen Maßnahmen den Vorzug geben, danach auf die nicht-autonomen Mittel zurückgreifen, deren Einsatz Kooperation mit anderen öffentlichen Trägern der Wirtschaftspolitik erfordert und erst dann bei den übrigen nicht-autonomen Instrumenten seine Zuflucht suchen, wenn ihm die beiden erstgenannten Möglichkeiten versperrt sind.

Zwingend wird der Einsatz der lezterwähnten Instrumente nur in seltenen Fällen sein, da ja für den Regelfall gilt, daß bestimmte Zielsetzungen oder Kombinationen von Zielsetzungen mit einer *Mehrzahl* von Maßnahmen verwirklicht werden können. Das besagt aber nichts anderes, als daß die Instrumente in der Regel gegeneinander ausgetauscht werden können oder der Ausfall eines Instrumentes durch den intensiveren Einsatz der noch verbleibenden Instrumente kompensiert werden kann.

Welche Instrumente als autonom und nicht-autonom in dem vorbesprochenen Sinne zu gelten haben, hängt im wesentlichen von der ökonomisch-rechtlichen Organisation der Wirtschaft ab. Wie wir wissen, ist diese zeitlichen Wandlungen unterworfen und zeigt im internationalen Vergleich erhebliche Abweichungen. Daher ist auch das qualitative und quantitative Verhältnis von autonomen zu nicht-autonomen Instrumenten in einer bestimmten Volkswirschaft mehr oder weniger starken Veränderungen im Zeitablauf unterworfen und variiert im Vergleich von Volkswirtschaft zu Volkswirtschaft.

6.5 Eignung und Wirkungsgrad der Instrumente

Ob der Träger der Wirtschaftspolitik sich für den Einsatz autonomer oder nicht-autonomer, qualitativer oder quantitativer Instrumente entscheidet, ob er als mikroökonomischen Ansatzpunkt die Plandaten oder Planelemente usw. wählt, sein Interesse wird stets darauf gerichtet sein, die nach seiner Ansicht „optimale“ Lösung unter einer Vielzahl von Alternativen bei gegebener Zielsetzung zu finden. Bei dieser Entscheidung zugunsten der optimalen Lösung hat er, wie wir bereits andeuteten, eine Vielzahl von Gesichtspunkten als Entscheidungskriterien zu berücksichtigen, von denen eines die *Geeignetheit* der sich anbietenden Instrumente ist. Gerade aber zu dieser Frage hat die wissenschaftliche Wirtschaftspolitik in den letzten Dezennien wichtige Beiträge geliefert, auf die wir nun des näheren eingehen wollen.

Dabei wollen wir uns dem Vorgehen in der deutschsprachigen Literatur anschließen, die Geeignetheit eines

Instrumentes (oder einer Kombination von Instrumenten) unter dem zweifachen Aspekt der *Zielkonformität* und *Systemkonformität* abzuhandeln. Allerdings haben wir der letztgenannten Problematik wegen ihrer grundsätzlichen Bedeutung sowie Aktualität einen besonderen Abschnitt gewidmet, so daß wir uns hier auf die Frage der *Zielkonformität* beschränken können.

Unter Zielkonformität wollen wir dabei die instrumentale Eignung eines Mittels für die Zielverwirklichung verstehen, so wie sie sich aus der theoretischen Analyse der Wirkungen sowie der (teleologischen) Zweck-Mittel-Betrachtung ergibt. Der letzte Hinweis macht deutlich, daß es bei dieser Untersuchung primär um die Beantwortung der *grundsätzlichen* Frage geht, ob ein Instrument den Zielsachverhalt überhaupt ändern kann oder nicht, und erst in zweiter Linie um die Frage nach dem *Grad* seiner Eignung. Wenn man will, kann die sich aus einer solchen auf das Grundsätzliche gerichteten Untersuchung ergebende Zielkonformität eines Mittels als seine *potentielle* Eignung bezeichnet werden.

Einige wenige Beispiele mögen zur Verdeutlichung dienen: geldpolitischen Maßnahmen wie Diskontsatzveränderung, Offen-Markt-Politik u.a.m. geht die Zielkonformität für raumpolitische Zielsetzungen ab; dagegen kommt Maßnahmen der Tarif- und Verkehrspolitik generelle Eignung für raumwirtschaftliche Zielsetzungen zu. Mit Hilfe der Anti-Konzentrationspolitik können zwar wettbewerbspolitische Zielsetzungen verwirklicht werden, aber für die Zielsetzung der Währungsstabilität gibt sie wenig her.

Von dieser potentiellen Eignung ist die *faktische* Eignung der Instrumente für die Erreichung bestimmter Zielsetzungen zu unterscheiden, d.h. die Eignung der Instrumente unter Berücksichtigung der jeweiligen in der Realität gegebenen Bedingungskonstellation. Es ist diese *faktische* Eignung, die den praktischen Wirtschaftspolitiker in erster Linie — oder doch nahezu ausschließlich — interessiert. Er muß wirtschaftspolitisch *handeln* und dies ist ihm nur dann möglich, wenn er *faktisch* geeignete Maßnahmen für seine Zielsetzungen einsetzen kann. Trotzdem kann er nicht an der Frage nach der grundsätzlichen Eignung der Instrumente vorübergehen; ihre Beantwortung muß ja den ersten Schritt in seinem Bemühen um das Auffinden faktisch geeigneter Maßnahmen bilden, weil das Vorliegen der potentiell-grundsätzlichen Eignung *Voraussetzung* für die faktische Eignung eines Instrumentes ist.

Die Frage nach der faktischen Eignung eines Instrumentes läuft also nach dem Gesagten auf die Frage nach dem Vorliegen der Bedingungen in der Realität hinaus, von denen der gewünschte Einsatz oder die angestrebte Wirkung solcher Instrumente abhängt bzw. beeinflußt wird, die potentielle Zielkonformität aufweisen. Diese Bedingungen, die über die *faktische* Zielkonformität entscheiden, sind sehr zahlreich und vielgestaltig, so daß wir auf ihre — auch nur annähernd — vollständige Behandlung verzichten müssen. Wir können uns deshalb nur mit denjenigen befassen, die in der Praxis häufig Berücksichtigung verlangen. Zum Zwecke einer systematischen Darstellung gliedern wir dabei in Bedingungen der Zeit, der Quantität, der Verursachung, der Variationsfähigkeit der Instrumente und sonstige Aspekte.

Wenden wir uns zuerst dem *Zeitaspekt* des Mitteleinsatzes zu! Nicht selten ist es in der Wirtschaftspolitik und hier insbesondere in der Konjunkturpolitik so, daß die jeweiligen Zielsetzungen in dem Sinne datiert sind, daß nach Ablauf einer bestimmten Frist die Zielsetzung *irrelevant* wird. Sie ist durch die wirtschaftliche Entwicklung überholt und muß nach Fristablauf durch eine andere ersetzt werden. Die Instrumente der Wirtschaftspolitik brauchen aber, wie wir wiederholt gehört haben, nicht nur zur *Entfaltung* ihrer Wirksamkeit, sondern auch zu ihrem *Einsatz* Zeit. Insbesondere wenn sie in Gesetzesform gekleidet werden müssen, ist die Vorbereitung und Verabschiedung der Maßnahmen wegen der parlamentarischen Prozedur notwendigerweise langwierig. Nicht selten tritt daher der

Fall ein, daß potentielle Maßnahmen überhaupt nicht ergriffen werden können, weil die Maßnahme vor Ablauf der Datierungsfrist des zugehörigen Zielsachverhaltes technisch überhaupt nicht zum Einsatz gelangen kann.

Ähnlich liegt die Situation, wenn zwar der *Einsatz* der Instrumente innerhalb der Datierungsfrist für den Zielsachverhalt möglich ist und im Grenzfall sogar unverzüglich erfolgen kann, die ersten *Wirkungen* der Maßnahme sich aber erst *nach Ablauf* der Datierungsfrist einstellen. In diesem Zusammenhang ist an unsere Einteilung in kurz-, mittel- und langfristige Wirkungen zu erinnern.

In diesen oder ähnlichen Fällen geht den Instrumenten aus zeitlichen Aspekten die faktische Zielkonformität ab. In anderen Fällen sind es *quantitative* Aspekte des Mitteleinsatzes oder seiner Wirkungen, die der faktischen Zielkonformität der Instrumente entgegenstehen. So etwa, wenn die quantitative Veränderlichkeit des Mittelsachverhaltes in positiver oder negativer Richtung *begrenzt* und der Maximalwert bereits erreicht ist. Ein klassisches Beispiel hierfür ist der Zinssatz, der nicht unter einen bestimmten Mindestwert gesenkt werden kann. Ist dieser Wert im Verlauf eines Depressions-Bekämpfungs-Programms einmal erreicht, so ist das Mittel erschöpft und scheidet aus dem Kreis der Instrumente mit faktischer Zielkonformität aus.

Die prinzipiell gleiche Situation liegt vor, wenn zwar der Maximalwert noch nicht erreicht ist, die verbleibende Spanne aber zu *gering* ist, um überhaupt Wirkungen in der gewünschten Richtung zu zeitigen. Nicht selten macht sich nämlich in der wirtschaftspolitischen Praxis ein Umstand in Zusammenhang mit dem Mitteleinsatz bemerkbar, der in der analytischen Modellbetrachtung der Wirkungsanalyse im allgemeinen zu wenig berücksichtigt wird: die *Absorptionsfähigkeit* des Wirtschaftssystems, wie wir diesen Sachverhalt bezeichnen wollen. Diese Absorptionsfähigkeit äußert sich darin, daß Veränderungen von Mittelsachverhalten beim Einsatz mancher Instrumente *unter* einer kritischen und von Fall zu Fall differierenden Größenordnung im Wirkungsmechanismus untergehen; sie werden „verschluckt" mit der Folge, daß Änderungen von Mittelsachverhalten *unterhalb* der kritischen Größenordnung überhaupt keine Änderung der durch sie anvisierten Zielsachverhalte zeitigen und deshalb überhaupt keine Wirkung zeigen. Der Grund für diese Absorptionsfähigkeit liegt häufig in dem Verhalten der Wirtschaftssubjekte begründet, deren Reaktionen auf die Änderung von Mittelsachverhalten ja die Wirkungen verkörpern. Wie die Verhaltensforschung nachgewiesen hat, bedarf es einer bestimmten Reizintensität, um die Wirtschaftssubjekte zu einer von ihnen immer als unbequem empfundenen Änderung ihres Wirtschaftsplanes, d. h. zu Reaktionen zu veranlassen. Werden wegen zu geringfügiger Veränderung der Mittelsachverhalte die „Reizschwellen" nicht überschritten, dann kommt es zur Absorption der Maßnahmen. Im gegenwärtigen Zusammenhang ist es also die Begrenzung der noch offenen Spanne hinsichtlich der Veränderungsmöglichkeit des Mittelsachverhaltes zusammen mit der Absorptionsfähigkeit des Wirtschaftssystems, die der faktischen Zielkonformität der interessierenden Instrumente entgegenstehen.

Auch bei denjenigen Mittelsachverhalten, deren Änderung über die kritischen Größenordnungen *hinaus* möglich ist, existiert ein *Dosierungsproblem,* wenn auch in einem anderen Sinne. Das Ausmaß der Veränderung des Mittelsachverhaltes muß nämlich so bemessen werden, daß der Mitteleinsatz größtmögliche *Effizienz* verbürgt, d. h. innerhalb des wirtschaftspolitischen Planungszeitraumes von der Veränderung des Mittelsachverhaltes größenmäßig genau diejenigen Wirkungen auf den Zielsachverhalt ausgehen, daß dieser genau in dem durch wirtschaftspolitische Entscheidung festgelegten Umfang verändert wird. Das Mittel ist dementsprechend *überdosiert,* wenn die festgelegte Veränderung des Zielsachverhaltes größenmäßig überschritten und *unterdosiert,* wenn sie unterschritten wird. Im Falle der quantitativen Wirtschaftspolitik könnte es sinnvoll erscheinen, das Ausmaß dieser Art der Unter- bzw. Überdosierung eines Instrumentes (oder einer Kombination) in Form eines *Effizienzquotienten* zu berechnen, wie dies von *Tinbergen* vorgeschlagen wurde. Wird die Zielvariable durch eine bestimmte Änderung des Mittelsachverhaltes bzw. der Mittelsachverhalte innerhalb der wirtschaftspolitischen Planungsperiode gerade in dem Ausmaß verändert, wie durch den Träger der Wirtschaftspolitik zielmäßig festgelegt worden ist, so beläuft sich der Effizienzquotient auf den Wert 1. Alle Werte unter 1 zeigen in der Regel Untererfüllung des Zielsachverhaltes und damit Unterdosierung des Mitteleinsatzes, alle Werte über 1 entsprechend Übererfüllung und somit Überdosierung an. Um auch terminologisch deutlich zu machen, daß es sich um *voraus*berechnete Effizienzquotienten handelt, wäre der Zusatz „prognostiziert" vielleicht angebracht. Es versteht sich von selbst, daß unterschiedliche Dosierungen der Mittelsachverhalte und ihrer Kombinationen in der Regel auch unterschiedliche Werte für die Effizienz-Ziffer ergeben müßten. Und schließlich sollte aus dem Gesagten ersichtlich geworden sein, daß die Absorptionsfähigkeit auch bei diesem Dosierungsproblem ihre Rolle spielt und ihren Einfluß evtl. auch auf die Größe der Effizienz-Ziffer ausübt.

Wir können damit die quantitativen Aspekte des Mitteleinsatzes, von denen wir aus Raumgründen nur die *Begrenzung* in der quantitativen Veränderlichkeit der Mittelsachverhalte ausführlicher behandeln konnten, verlassen und uns den *Wirkungen* unter ähnlichen quantitativen Aspekten zuwenden. Um mögliche Mißverständnisse, die sich aus den angestellten Überlegungen ergeben könnten, gleich zu beseitigen, sei hervorgehoben, daß die *unbegrenzte* Veränderungsmöglichkeit eines Mittelsachverhaltes — bei Beschränkung der Betrachtung auf diesen ausschließlich quantitativen Aspekt — *keine* Garantie für das Vorliegen faktischer Zielkonformität ist. Letztere muß trotzdem verneint werden, wenn trotz beliebig großer Veränderungsmöglichkeit eines Mittelsachverhaltes die Wirkung auf den anvisierten Zielsachverhalt im Vergleich zu seiner quantitativ-zielmäßigen Fixierung unbeachtlich bleiben muß. In der Alltagssprache wird ein solches Instrument als zu „schwach" bezeichnet. Wir können uns in diesem Zusammenhang mit Vorteil einer in der Literatur gebräuchlichen Einteilung der Mittel — nämlich der in *generelle* und *spezielle* Maßnahmen — bedienen, um diese Kennzeichnung eines Mittels näher zu verdeutlichen. *Generelle* Maßnahmen sind nach der üblichen Einteilung solche Instrumente, deren Einsatz alle oder doch den größten Teil der Wirtschaftssubjekte tangiert, während durch *spezielle* Maßnahmen das Wirtschaften nur einzelner Wirtschaftssubjekte oder doch nur einer verhältnismäßig kleinen Gruppe beeinflußt wird, wie beispielsweise eines Wirtschaftszweiges, einer Wirtschaftsstufe, eines regional begrenzten Wirtschaftsgebietes usw. oder Ausschnitte daraus. Die Aufzählung macht deutlich, daß die jeweilige Gruppenbildung nach den unterschiedlichsten Kriterien und Gesichtspunkten erfolgen kann. Klassische Beispiele für generelle Maßnahmen sind die Veränderung des Diskontsatzes, Änderung der gesetzlichen Arbeitszeiten usw.; für spezielle Maßnahmen lokal begrenzte Steuerpräferenzen oder „gezielte" Subventionen. Im ersten Fall ist der „Ansatzbereich" des Mittels sehr breit, im letzten Fall dagegen sehr schmal. Bezieht sich nun die Zielsetzung auf eine gesamtwirtschaftliche Aggregatgröße (Strömungsgrößen, Bestandsgrößen usw.), die sich aus einer *Vielzahl von Teilgrößen* zusammensetzt, dann kann nicht selten als Folge der wirtschaftspolitisch verursachten Veränderung einer Teilgröße innerhalb der faktisch möglichen Größenordnung die Aggregatgröße nur unbeachtlich verändert werden. Selbst wenn also Dosierungsbegrenzungen nicht vorliegen und der wirtschaftspolitische Eingriff sich in zeitlicher Hinsicht voll auswirken kann, scheidet das Instrument als faktisch irrelevant aus, weil es zu geringe Wirkungen hinsichtlich der Veränderung des aggregativen Zielsachverhaltes zeitigt. Als Beispiel möge die Senkung des Lebenshaltungskostenindex (aggregatives Gesamtziel) angeführt werden, die über die lokal begrenzte Senkung der Nahverkehrsmitteltarife (Teilziel) nur in unbeachtlichem Ausmaß verwirklicht werden kann. Die im Prinzip gleiche Situation liegt vor, wenn zwar ein *Zwischenziel* in erheblichem Ausmaß durch die Veränderung des Mittelsachverhaltes geändert werden kann, diese Beeinflussung aber mit der eigentlichen Absicht der Änderung eines *Nachzieles* erfolgte, für welches Nachziel aber die praktizierbare Veränderung des Zwischenzieles zu schwach ist. Als praktisches Beispiel möge die strengere Handhabung der Preisauszeichnungspflicht (Mittel) zitiert werden, um über sie die Markttransparenz (Zwischenziel) zu verbessern und das allgemeine Preisniveau (Nachziel) zu senken. Tendenziell wirkt sich zwar die Maßnahme in dieser Richtung aus, ist jedoch zu schwach, um spürbare Effekte auf das Preisniveau auszuüben.

Wir können unsere Betrachtungen über die faktische Zielkonformität mit einer weiteren Variante der Begrenzungen in der Veränderlichkeit der Instrumente fortsetzen, die nicht quantitativer Natur ist, sondern darin besteht, daß die *Änderungsrichtung* auf eine einzige reduziert ist; können in der Regel die Mittelsachverhalte in positiver *und* negativer Richtung verändert werden, so beschränkt sich in diesen Ausnahmefällen der faktische Einsatz des Mittels auf Veränderungen in positiver *oder* negativer Richtung. Es handelt sich also bei diesen wenigen Ausnahmefällen um die „Einbahnstraßen" des wirtschaftspolitischen Mitteleinsatzes. Bedauerlicherweise befinden sich unter den wenigen Instrumenten, die dieser Kategorie zuzurechnen sind, nicht nur „Nebenstraßen", sondern auch „Straßen erster Ordnung", um im Bilde zu bleiben. Was mit den Einbahnstraßen gemeint ist, wird aus wenigen Beispielen unmittelbar deutlich: Die Verkürzung der gesetzlichen Arbeitszeit, die Erhöhung der Nominallöhne bei Erwerbstätigen im öffentlichen Dienst, bestimmte Arten von Subventionen u.a.m. Zugegebenermaßen ist die nur einseitige Veränderungsfähigkeit dieser Instrumente nicht ein für alle Ewigkeit feststehendes Datum. In wirtschaftspolitischen Umbruchzeiten sowie Katastrophen- und Krisensituationen ist es wohl möglich, die Instrumente auch einmal in der entgegengesetzten Richtung zu benutzen; abgesehen von diesen wirtschaftspolitischen Zäsuren sind sie jedoch in aller Regel nur für den Einsatz in einer Richtung offen. Sie scheiden dann aus dem Kreis der Instrumente mit faktischer Zielkonformität aus, falls ein Einsatz dieser Instrumente in der gesperrten Richtung erforderlich wird.

Über die treibenden Kräfte, die zu der in diesem Sachverhalt liegenden Lahmlegung des wirtschaftspolitischen Instrumentariums führen, können wir uns hier nicht näher verbreiten. Es sei nur auf die nachteiligen Folgen einer solchen Entwicklung für die *Elastizität* der Wirtschaftspolitik hingewiesen sowie auf die Einengung ihres *Korrekturspielraumes,* der insbesondere für die Operationsfähigkeit der *qualitativen* Wirtschaftspolitik — die sich ja der Methode des Versuchs und Irrtums zwecks allmählichen und schrittweisen Herantastens an die optimale Lösung bedienen muß — von erheblicher Bedeutung ist.

Wenden wir uns damit dem *Verursachungsaspekt* zu, der nicht selten viele und in Ausnahmefällen nahezu alle Instrumente mit potentieller Zielkonformität faktisch irrelevant werden läßt. Wir meinen hier mit Verursachungsaspekt den Sachverhalt, daß wirtschaftspolitische Schwierigkeiten, deren Überwindung durch wirtschaftspolitische Mittel angestrebt wird, ihre spezifischen Ursachen haben. Während nun häufig keine *Korrespondenz* zwischen den Ursachen und den Instrumenten besteht, durch deren Einsatz die Schwierigkeit behoben werden kann, ist es in anderen Fällen nicht selten so, daß eine solche Korrespondenz vorliegt. Diese Korrespondenz zwischen Verursachung und Instrumenten kann extrem streng sein — nur ein einziges Instrument kann Abhilfe schaffen — aber auch weniger streng. Im letzten Fall können mehrere Mittel zur Behebung der Schwierigkeiten eingesetzt werden. Für die faktische Zielkonformität der Instrumente hat diese ursächliche Mittel-Ziel-Korrespondenz die Bedeutung eines Kriteriums, mit dessen Hilfe aus dem Kreis der Instrumente mit potentieller Zielkonformität diejenigen ausgewählt werden können, die faktisch geeignet sind.

Zur Illustration greifen wir einige Beispiele heraus: Die Steigerung der Ausgaben der öffentlichen Hand für Güter und Dienstleistungen zwecks Konjunkturbelebung wirkt sich immer expansiv auf den Kreislauf aus, gleichgültig ob der Konjunkturrückgang auf eine Schrumpfung der Exportüberschüsse, der heimischen Netto-Investition, Vergrößerung der Liquiditätsneigung, Verringerung der Konsumneigung u.a.m. zurückzuführen ist. Korrespondenz im beschriebenen Sinne liegt nicht vor.

Für die Bekämpfung der Arbeitslosigkeit steht eine Vielzahl von beschäftigungspolitischen Instrumenten zur Verfügung, vorausgesetzt, daß sie nicht *strukturell* bedingt ist, es sich also nicht um die sog. strukturelle Arbeitslosigkeit handelt. In diesem Falle versagen die üblichen beschäftigungspolitischen Instrumente, und Abhilfe kann nur über die Verbesserung der Mobilität der Arbeit und/oder die Einrichtung von neuen Arbeitsplätzen in den Gebieten mit Arbeitslosigkeit geschaffen werden. In diesem Fall ist also hochgradige Korrespondenz gegeben.

Ähnlich liegt die Situation im Falle der *strukturellen* Unterbeschäftigung eines Wirtschaftszweiges, die nur ein anderer Ausdruck für das Vorliegen einer erheblichen Überkapazität in diesem Wirtschaftszweig ist. Ein aktuelles Beispiel ist die westdeutsche Mühlenindustrie. Hier versagen die üblichen beschäftigungspolitischen Maßnahmen, und das einzig wirksame Instrument zur Überwindung der Krise ist die wirtschaftspolitische Beschleunigung und Erleichterung des Abbaus der Überkapazität. Enge Korrespondenz zwischen Verursachung und Instrumenten ist gegeben.

Von den sonstigen Aspekten, die Bedeutung für die Auswahl der faktisch geeigneten Instrumente aus dem Kreis der Mittel mit potentieller Zielkonformität haben können, seien nur wenige beispielhaft angeführt: *politische* (wie Popularität und Unpopularität der Maßnahmen vor Wahlen, internationale Situation, politische Unruhen u.a.m.), *zwischenstaatliche Vereinbarungen* (Meistbegünstigungsklausel, Verzicht auf Wechselkursdifferenzierung nach Ländern oder Warengattungen, Verzicht auf bestimmte Formen der Differenzierung der Verkehrstarife u.a.m.), *sozialpsychologische* (Inflationsbewußtsein, Geldillusion u.a.m.). In der Literatur wird bezüglich dieses Punktes statt der von uns vorgeschlagenen Unterscheidung in potentielle und faktische Mittel vereinzelt die Gegenüberstellung von erlaubten und nicht-erlaubten Instrumenten gebraucht.

Fassen wir rückblickend das Ergebnis unserer Überlegungen in diesem Abschnitt zusammen, so ist hervorzuheben, daß es eine beachtliche Anzahl von Aspekten gibt, die die Trennungslinie zwischen Instrumenten mit potentieller Zielkonformität einerseits und faktischer Zielkonformität andererseits festlegen. Obgleich sie von sehr unterschiedlichem Gewicht sind, schränken sie doch vorübergehend oder langfristig den Aktionsradius der praktischen Wirtschaftspolitik im Hinblick auf das verwendbare Instrumentarium mehr oder weniger stark ein.

Um keine Mißverständnisse aufkommen zu lassen, muß jedoch abschließend daran erinnert werden, daß in der Regel *Kombinationen* von Instrumenten für die Realisierung von Zielsetzungen eingesetzt werden; Gruppen von Instrumenten also, die sich gegenseitig verstärken, abschwächen, und ergänzen sollen. Die praktische Nutzanwendung dieser Kombinationsfähigkeit der Instrumente ist in vielen Fällen die, daß Instrumente, die bei isolierter Betrachtung zu schwach oder zu stark sind, zu geringe Variabilität aufweisen, deren volle Wirkung zu spät eintritt, weil ihre „Laufzeit" zu groß ist, usw., doch in entsprechender Verbindung mit anderen Instrumenten eingesetzt werden können. Die Effizienz des wirtschaftspolitischen Instrumentariums wird aber durch *Kombination* noch aus einem weiteren Grunde gesteigert: Der Einsatz wirtschaftspolitischer Instrumente ist immer ein wirtschaftspolitischer Eingriff, der auf psychologische *Widerstände* von seiten der Wirtschaftssubjekte trifft, die es zu überwinden gilt, soll er von Erfolg begleitet sein. Mit der Stärke des Eingriffs wächst dieser Widerstand; die Wirtschaftssubjekte versuchen auszuweichen und in Extremfällen wird die Maßnahme offen oder versteckt boykottiert. Durch den kombinierten Einsatz einer Vielzahl von Instrumenten ist es nun möglich, die *Eingriffsintensität* des einzelnen Instrumentes vergleichsweise klein zu halten und damit seinen „Widerstandskoeffizienten" auf ein Mindestmaß zu beschränken; nichtsdestoweniger kann der *kumulative* Effekt der Kombination sehr groß sein.

Dieser Hinweis macht gleichzeitig deutlich, daß für die Effizienz wirtschaftspolitischer Maßnahmen die Bereitschaft der in erster Linie betroffenen Wirtschaftssubjekte ein stets wichtiger Faktor ist, die Maßnahme *als zweckmäßig, notwendig und gerecht innerlich zu bejahen*, worauf *Seraphim* nachdrücklich aufmerksam gemacht hat. Der Träger der Wirtschaftspolitik ist zur Ohnmacht verurteilt, sofern ihm die Bereitschaft nicht oder in nicht genügendem Maße von den Wirtschaftssubjekten entgegengebracht wird. Auch die Macht, wirtschaftspolitische Zielsetzungen zu realisieren, ist eine soziologische Kategorie und wird von den Soziologen als „Herrschaft über fremde Seelen" (*Vierkandt*) umschrieben. Auf eben diese „Herrschaft über fremde Gemüter" durch den Träger der Wirtschaftspolitik läuft die Bereitschaft der Wirtschaftssubjekte hinaus, die Maßnahmen des Staates innerlich zu akzeptieren.

In diesem Zusammenhang ist auch auf die Verbände hinzuweisen, die in dieser Beziehung wichtige Aufgaben übernehmen können, die wir unter dem Begriff ihrer „Aufklärungsfunktion" zusammenfassen wollen. Es ist psychologisch verständlich, daß eine Maßnahme, die von der zuständigen Interessenvertretung gutgeheißen und anerkannt wird, eher auf Verständnis bei den Mitgliedern rechnen kann als Maßnahmen, bei denen dies nicht der Fall ist. Sie dürfen nämlich in der Regel unterstellen, daß eine von der Verbandsführung gutgeheißene Maßnahme nicht im Widerspruch zum Mitgliederinteresse steht bzw. nicht den Mitgliederinteressen stärker zuwiderläuft, als dies die Wahrung übergeordneter Interessen erforderlich macht. Die Praxis der Träger der Wirtschaftspolitik, auf diese

Form der Abstimmung mit den Wirtschaftsverbänden nur zu verzichten und die notwendige Aufklärungsarbeit in anderer Weise vorzunehmen, wenn dies anders nicht möglich ist, bestätigt die Richtigkeit unserer Überlegungen sowie die Einsicht des Trägers der Wirtschaftspolitik in die Bedeutung dieser Aufklärungsfunktion der Verbände für den Erfolg seiner Wirtschaftspolitik.

7. Die Systemkonformität der Instrumente

7.1 Systemkonformität und Ordungskonformität

Wir erwähnten bereits, daß die Mittelauswahl nicht ausschließlich unter dem Gesichtspunkt der Zielkonformität, d. h. der instrumental-technischen Eignung der Instrumente erfolgen kann, sondern außerdem auch die Frage ihrer *Systemkonformität* geprüft werden muß. Diese Einsicht verdanken wir in erster Linie den schlechten Erfahrungen mit dem wirtschaftspolitischen *Interventionismus,* worunter üblicherweise eine punktuelle, nur von Fall zu Fall *nachträglich* korrigierende, relativ unzusammenhängende und wenig vorausschauende Wirtschaftspolitik verstanden wird. Die interventionistischen Eingriffe des Staates häuften sich in Deutschland zwangsläufig während des ersten Weltkrieges und in der anschließenden Übergangszeit derart, daß die Wirtschaftswissenschaft zwischen den beiden Weltkriegen geradezu auf die kritische Auseinandersetzung mit dem Staatsinterventionismus gestoßen wurde.

Es war *v. Mises,* der als einer der ersten die Abkehr vom Interventionismus und die Rückkehr zum klassischen Prinzip des laisser-faire in einer Reihe von Publikationen forderte und dabei die These aufstellte, daß jeder interventionistische Eingriff notwendigerweise weitere Eingriffe nach sich ziehe und so in lawinenhaftem Anschwellen im wirtschaftlichen Kollektivismus und der Zwangswirtschaft ende. Diese *„Kettenreaktions-These"* ist dann später von anderen Wissenschaftlern wiederholt aufgegriffen, erweitert und modifiziert sowie mit den entsprechenden Warnungen vor dem „Weg in die Knechtschaft" (*Hayek*) versehen worden. Die überwiegende Mehrzahl der Wissenschaftler schloß sich jedoch nicht der extremen These *v. Mises'* an, jeden interventionistischen Eingriff als „Kettenreaktions-Zünder" zu betrachten, weil sie angesichts der Fakten auf eine dogmatische Verzerrung einer zweifellos wichtigen Einsicht hinausläuft.

Konsequenterweise lehnten diese Wissenschaftler auch nicht rundweg den Einsatz jedes interventionistischen Instrumentes ab, sondern erhoben nur die Forderung nach „Widerspruchslosigkeit" oder „innerer Einheitlichkeit" der wirtschaftspolitischen Maßnahmen. Der Versuch, dieses sehr allgemein gehaltene Prinzip zu einer operationsfähigen *Handlungsmaxime* auch für die praktische Wirtschaftspolitik umzugestalten, führte dann zu dem *Konformitätsprinzip* in der speziellen Variante der *Marktkonformität* (*Röpke*). Als *marktkonform* hatten nach ihm alle Maßnahmen zu gelten, die den Preismechanismus und die durch ihn bewirkte Selbststeuerung des Wirtschaftsprozesses nicht aufheben, sondern von ihm als neue „Daten" assimiliert werden. *Marktinkonform* waren nach dieser Lehrmeinung entsprechend alle anderen Maßnahmen, die den Preismechanismus lahmlegten und deshalb eine zentralverwaltungswirtschaftlich-kollektivistische Lenkung des Wirtschaftsprozesses erforderlich machten.

Dieser Neuansatz erwies sich als außerordentlich fruchtbar, obwohl sich in der wissenschaftlichen Diskussion schon bald auch die Mängel der so interpretierten Handlungsmaxime zeigen sollten. Wir können hier auf diese Mängel nicht näher eingehen, sondern wollen nur auf ihre Hauptursachen eingehen: sie liegen einmal darin begründet, daß das Konformitätsprinzip ausschließlich auf die Funktionsfähigkeit des *Marktmechanismus* und dazu noch unter den sehr restriktiven *Modell*-Bedingungen der *statischen Konkurrenz* eingeengt wurde; zum anderen darin, daß nicht genügend zwischen dem Markt*prozeß* und der strukturell-organisatorischen *Rahmenordnung* der Märkte unterschieden wurde, unter der der Marktprozeß abläuft.

Es war deshalb unzweifelhaft ein Fortschritt, als der

Konformitätsbegriff inhaltlich auch auf die Rahmenordnung des Marktprozesses ausgedehnt wurde, was unter der neuen Bezeichnung der *Ordnungskonformität* geschah. Zwar hatte die Wirtschaftswissenschaft schon seit langem erkannt, daß Rahmenordnung und Prozeß eine Einheit bilden und infolgedessen auch als ganzheitliches Phänomen behandelt werden müssen; aber erst die systematischen Untersuchungen zur Wirtschaftsordnung in der Zwischenkriegszeit zusammen mit den Fortschritten der Preistheorie in den dreißiger Jahren lieferten den aktuellen Anlaß, die sich aus dieser Einsicht ergebenden Konsequenzen auch mit Rücksicht auf den Konformitätsbegriff zu ziehen. Als geeigneter Anknüpfungspunkt bot sich dabei die von *Eucken* vorgenommene Unterscheidung in *konstituierende* und *regulierende* Prinzipien an, die den materiellen Inhalt jedweder Wirtschaftsordnung ausmachen. Unter Beschränkung auf die Verhältnisse in marktwirtschaftlichen Ordnungen können annäherungsweise als konstituierende Prinzipien die Rahmenbedingungen bezeichnet werden, die den marktwirtschaftlichen Lenkungsmechanismus konstituieren oder hinsichtlich seiner Anwendung begrenzen sollen (wie Privateigentum, Tausch, Vertragsfreiheit), während die regulierenden Prinzipien die Funktionsfähigkeit des Lenkungsmechanismus bzw. die Ergebnisse des so gelenkten Wirtschaftsprozesses beeinflussen sollen. Den beiden theoretischen Modellen von Wirtschaftsordnungen — der *Marktwirtschaft* und der *Zentralverwaltungswirtschaft* — können nach den Ergebnissen der Untersuchungen zur Wirtschaftsordnung jeweils arteigene Prinzipien und diesen Prinzipien gehorchende Instrumente aus beiden Kategorien zugeordnet werden.

Auf diesem Wege gelangte man also zur Unterscheidung *von ordnungskonformen und ordnungsinkonformen Instrumenten.* Die ordnungsinkonformen Instrumente verschlechtern nach dem Geagten die Wirtschaftsordnung in Richtung auf das andere Modell, während die ordnungskonformen Maßnahmen die jeweilige Wirtschaftsordnung begründen, erhalten und verbessern.

Trotz der mit dieser Ausweitung des Konformitätsbegriffes einhergehenden Präzisierung blieb er für die praktische Wirtschaftspolitik immer noch relativ unbefriedigend. Eine seiner weniger wichtigen Schwächen war, daß durch die kontradiktorische Gegenüberstellung von inkonformen und konformen Instrumenten die Gefahr entstand, daß die *ordnungsneutralen* Mittel übersehen oder doch weitgehend vernachlässigt wurden. Daß dieses Denken in Gegensätzen tatsächlich schematische Vereinfachungen dieser Art im Gefolge hatte, zeigt die wissenschaftliche Diskussion jener Zeit, die häufig über diese ordnungsneutralen Instrumente hinwegsah, durch deren Einsatz die Wirtschaftsordnung weder positiv noch negativ beeinflußt wird. Als Beispiele für solche ordnungsneutralen Instrumente können die Arbeitsgesetzgebung, Ladenschlußgesetzgebung, erhebliche Ausschnitte aus der Steuerpolitik, der Raumwirtschaftspolitik usw. angeführt werden.

Als weit wichtigere Schwäche des Begriffs der Ordnungskonformität erwies sich jedoch sein weitgehendes Verhaftetsein im *modelltheoretischen* Denken, unter dem bereits der Begriff der Marktkonformität litt. Das Denken in Ordnungsmodellen führte bei dem Bemühen, zwischen ordnungskonformen und ordnungsinkonformen Maßnahmen zu unterscheiden, mit einer gewissen Zwangsläufigkeit dazu, daß der Konformitätsbegriff im Sinne einer *Modell-Konformität* als Auswahl- und Zuordnungskriterium auf die wirtschaftspolitischen Instrumente angewendet wurde. Damit mußte aber seine Praktikabilität stark herabgesetzt werden, und zwar vor allem deshalb, weil die Wirtschaftsordnungen der Realität stets *Mischungen* aus mehreren Wirtschaftsordnungsmodellen darstellen. Dieser Sachverhalt ist nicht zufälliger Natur; und es kann als wissenschaftlich gesicherte Erkenntnis gelten, daß Modelle von Wirtschaftsordnungen „chemisch rein“ nie realisiert werden können. Schließen wir uns der Übung an, nur zwei „reine“ Modelle von Wirtschaftsordnungen — die Marktwirtschaft und die Zentralverwaltungswirtschaft— zu unterscheiden, so setzen sich die Wirtschaftordnungen der

Realität aus einem marktwirtschaftlichen und einem zentralverwaltungswirtschaftlichen Bestandteil zusammen. Wir haben uns daran gewöhnt, solche Mischungen aus den beiden Ordnungsmodellen vereinfachend als Marktwirtschaft oder Zentralverwaltungswirtschaft zu bezeichnen, je nachdem, welcher der beiden Bestandteile *dominiert.*

Unter diesen Umständen ist aber offensichtlich mit einem Konformitätsbegriff i. S. einer Modell-Konformität praktisch wenig anzufangen, weil jedes Instrument alternativ als konform oder nicht-konform bezeichnet werden kann, je nachdem, welches der beiden Elemente des Mischsystems der Beurteilende im Auge hat. Für die Belange der praktischen Wirtschaftspolitik erscheint es deshalb wohl zweckmäßiger, statt des Begriffs der Ordnungskonformität den der *Systemkonformität* der Instrumente zu verwenden und so auch terminologisch zwischen diesen beiden Varianten des Konformitätsprinzips zu unterscheiden. Unter dem *Wirtschaftssystem* wollen wir dabei die *reale* Wirtschaftsordnung als Mischung aus den Modellen der Marktwirtschaft und der Zentralverwaltungswirtschaft verstehen und je nach dem Überwiegen des einen oder anderen Elementes von marktwirtschaftlichen oder zentralverwaltungswirtschaftlichen Systemen sprechen. Wir können dann wieder analog zwischen *systemkonformen, systeminkonformen* und *systemneutralen* Instrumenten in bezug auf ein *gegebenes Mischungsverhältnis* gemäß dem jeweiligen Wirtschaftssystem unterscheiden und haben auf diese Weise mit dem Konformitätsprinzip ein Zuordnungskriterium gewonnen, das von größerer Aussagekraft für die praktische Wirtschaftspolitik als das Prinzip der Ordnungskonformität ist. Es gestattet uns Aussagen über die Verträglichkeit bzw. die Nicht-Verträglichkeit (und ihre evtl. Abstufungen) von Instrumenten der Wirtschaftspolitik, einzeln oder kombiniert eingesetzt, mit den jeweils *gegebenen Wirtschaftssystemen;* wenn man so will, handelt es sich hierbei ebenfalls um eine Aussage über die Geeignetheit von Mitteln, allerdings in einem anderen Sinne.

Um keine Fehldeutungen aufkommen zu lassen, sei darauf hingewiesen, daß die jeweilige Veränderung des Mischungsverhältnisses beim Einsatz konformer oder inkonformer Instrumente (bzw. Konstanz bei neutralen Instrumenten) nur das *äußere* Beurteilungskriterium darstellt. Wir benutzen es sozusagen als *Barometer* für die Erfassung des eigentlich interessierenden Sachverhaltes: der *Funktionsfähigkeit* von (gemischten) Wirtschaftssystemen. Erfahrung und theoretische Überlegungen haben nämlich gezeigt, daß die Funktionsfähigkeit von Wirtschaftssystemen in der Regel umso geringer ist, je *ausgeglichener* das Mischungsverhältnis zwischen dem zentralverwaltungswirtschaftlichen und dem marktwirtschaftlichen Element ist. Das Mischungsverhältnis kann demzufolge als ein Maßstab von einigem Verlaß für den interessierenden Sachverhalt, d. h. die Funktionsfähigkeit des Systems, dienen.

7.2 Formale und materiale Konformität

Für die Praktikabilität des Beurteilungskriteriums spielt es selbstverständlich keine Rolle, wenn die Unterscheidung sprachlich anders gefaßt wird, sofern nur sachlich das Gleiche gemeint ist. So verwenden einige Autoren beispielsweise die Bezeichnungen „systemangepaßt", „systemfremd", „systemwidrig", „systemadäquat", obwohl mit den entsprechenden Gegenüberstellungen inhaltlich das Gleiche oder fast das Gleiche unserer Unterscheidung von systemkonformen und systeminkonformen Mitteln gemeint ist. Keine sachliche Übereinstimmung, sondern nur eine gewisse Verwandtschaft liegt bei den Gegenüberstellungen in *zwingende* und *führende* Mittel *(Pütz)* sowie in die bereits erwähnte von *erlaubten* und *nicht-erlaubten* Instrumenten *(B. Hansen)* vor. Führende Mittel sind nach *Pütz* solche der Aufklärung, Beratung, Schulung und Erziehung; zwingende Mittel dagegen diejenigen, die auf dem Wege des *Befehls* (Gesetzgebung und Verwaltung) eingesetzt werden. Andere Autoren verstehen annäherungsweise unter führenden Mitteln marktkonforme und unter zwingenden Mitteln marktinkonforme Instrumente. Die Unterscheidung zwischen erlaubten und nicht-erlaubten Mitteln stellt dagegen in dem hier diskutierten Zusammenhang auf die wirtschaftspolitische „Generallinie" hinsichtlich des Wirtschaftssystems ab und weist daher eine engere Verwandtschaft mit dem Begriff der Systemkonformität auf. Annäherungsweise kann daher nach der Interpretation *Hansens* diese Unterscheidung mit der Aufgliederung in systemkonforme und systeminkonforme Instrumente gleichgesetzt werden.

Auch für die nur *sprachlich* abweichenden Unterscheidungen ist der maßgebliche Gesichtspunkt die Art und Weise bzw. Funktionsfähigkeit des Steuerungsvorganges der wirtschaftlichen Prozesse, der den maßgeblichen Gesichtspunkt in der Lehre von den Wirtschaftsordnungen darstellt. Dieser Gesichtspunkt der Funktionsfähigkeit des Systems ist es dann auch, der zu einer weiteren, für die praktische Anwendbarkeit der Unterscheidung wichtigen Präzisierung des Konformitätsbegriffes führt. Ausschlaggebend für die Beurteilung eines Instrumentes hinsichtlich der Funktionsfähigkeit eines Wirtschaftssystems ist nicht seine *formale*, sondern seine *materiale (Tuchtfeldt)* oder faktische Konformität (bzw. Nicht-Konformität).

Die Notwendigkeit zu dieser Präzisierung des Konformitätsbegriffes ergibt sich aus dem nicht selten zu beobachtenden Auseinanderklaffen von formaler und materialer Konformität. Der Grund für diese Abweichungen liegt nicht nur in den unterschiedlichen Effekten hinsichtlich der Funktionsfähigkeit unter modelltheoretischen Bedingungen einerseits und den abweichenden Bedingungen der historisch-konkreten Situation beim Einsatz von Instrumenten in der empirischen Realität andererseits. Wenngleich dies auch die häufigste Ursache ist, so gibt es doch auch andere, wie beispielsweise die zu starke *Dosierung* beim Einsatz eines Instrumentes. Klassische Beispiele sind Prohibitivzölle und extrem hohe Steuersätze. Der Prohibitivzoll läßt zwar den Preismechanismus formal intakt, material dagegen setzt er ihn außer Kraft. Sehr hohe Steuersätze beeinträchtigen den marktwirtschaftlichen Steuerungsprozeß, weil sie die *Antriebsmomente* der zu steuernden Prozesse lähmen und außerdem zu unerwünschten Ergebnissen der Prozesse führen. Welche sinnlosen und zuweilen absurden Ergebnisse ein zwar formal intakter marktwirtschaftlicher Steuerungsmechanismus zeitigt, der unter der Einwirkung abnorm hoher Steuersätze „wild" läuft, haben die deutschen Erfahrungen nach dem 2. Weltkrieg mit aller wünschenswerten Deutlichkeit gezeigt.

Ein weiterer Grund für die erwähnte Diskrepanz ist darin zu erblicken, daß der marktwirtschaftliche Steuerungsmechanismus ein „Schönwetterschiff" ist, wie dies einmal formuliert wurde. Er arbeitet zwar auch unter den anomalen Bedingungen von Krisen-, Katastrophen- und Kriegszeiten, aber die sich dann einstellenden wirtschaftlichen Ergebnisse der ablaufenden Prozesse wären derart, daß das gesamte Gesellschaftsgefüge ins Wanken geraten würde. Politische Unruhen und Umstürze wären die Folge, weil die „soziale Bruchgrenze" *(Tuchtfeldt)* für das System überschritten würde. Werden in solchen Situationen Rationierung, Kontingentierung, Preisstops und andere zentralverwaltungswirtschaftliche Maßnahmen ergriffen, so wird ein marktwirtschaftliches System vor der akuten Gefahr des Umsturzes in ein stark verwaltungswirtschaftliches System bewahrt und damit in seinem Bestand gesichtert.

Wie wir bereits betonten, ist jedoch der sehr viel häufigere Grund die fehlende Übereinstimmung der Modellbedingungen mit den Bedingungen der Realität, unter denen die durch den marktwirtschaftlichen Lenkungsmechanismus gesteuerten Prozesse ablaufen. So etwa an den „neurotischen" Märkten, wo infolge nicht-marktgerechten Verhaltens der Wirtschaftssubjekte ständige und starke Preisschwankungen auftreten, die den objektiv-sachlichen Gegebenheiten und Notwendigkeiten nicht entsprechen: gleiches gilt für die Märkte mit „anomaler" Reaktion der Wirtschaftssubjekte (Agrarmärkte, Arbeitsmärkte); erwähnt zu werden verdient in diesem Zusammenhang auch das Phänomen der „Selbstrealisierung von Erwartungen“, das ebenfalls zu extremen Preisschwankungen an den Märkten führen kann, die durch die Marktsituation nicht gerechtfertigt sind.

In diesen und weiteren Fällen versagt der marktwirtschaftliche Lenkungsmechanismus oder erbringt doch nur sehr unbefriedigende Ergebnisse, die von den sich unter idealen Modellbedingungen einstellenden stark abweichen, während eben auf der Grundlage dieser Modelle Urteile über die formale Konformität bzw. Inkonformität der Instrumente abgegeben werden. Offensichtlich kann aber von materialer Inkonformität der Instrumente keine Rede sein, wenn sie die Funktionsfähigkeit des Lenkungsmechanismus oder seine wirtschaftlichen Resultate unter den Bedingungen der empirischen Realität in der dem Mechanismus zugeschriebenen Richtung verbessern oder erst sicherstellen, selbst wenn die Mittel formal als inkonform bezeichnet werden müßten, wie Richt- und Festpreise, zwangswirtschaftliche Mengenregulierungen u.a.m.

7.3 Die ordnungspolitische Elastizität von Wirtschaftssystemen

Bei Beantwortung der Frage nach der materialen Konformität von wirtschaftspolitischen Instrumenten ist ein weiterer Sachverhalt zu berücksichtigen, den wir als die *ordnungspolitische Elastizität von Wirtschaftssystemen* bezeichnen wollen. Wie die Erfahrungen zeigen, weisen sämtliche Wirtschaftssysteme, insbesondere aber marktwirtschaftliche Systeme, die Fähigkeit auf, inkonforme Eingriffe innerhalb gewisser Toleranzgrenzen zu „assimilieren“. Systemveränderungen in Zusammenhang mit dem Einsatz dieser Instrumente treten demzufolge nur auf, sofern die jeweiligen Toleranzgrenzen überschritten werden. Diese ordnungspolitische Elastizität ist nur ein anderer Aspekt der *Absorptionsfähigkeit* des gesamtwirtschaftlichen Wirkungszusammenhanges, die wir bereits in Zusammenhang mit der Dosierung des Mitteleinsatzes besprochen haben. Im großen und ganzen sind es auch die gleichen *Starrheitsfaktoren*, die hier wie dort im Spiele sind. Bezüglich der Absorptionsfähigkeit von *Teilordnungen* bestimmter Wirtschaftsbereiche, die von der angestrebten Gesamtordnung abweichen, ist daneben auf weitere Faktoren hinzuweisen, wie Umfang und gesamtwirtschaftliche Bedeutung der Bereiche, ihre kreislaufmäßige Verflechtung, ihre Position innerhalb der vertikalen Produktionsstruktur u.a.m.

Ob die immer vorhandenen Toleranzgrenzen für das Gesamtsystem überschritten und damit die faktische Inkonformität aktuell wird, kann in der Regel nicht bei *isolierter* Betrachtung eines einzigen Instrumentes entschieden werden. Ebenso wie der Wirtschaftsprozeß, ist auch die wirtschaftspolitische Aktivität ein zeitliches *Kontinuum*, was *faktische* Verschmelzung der Eingriffe bedeutet. Formal systeminkonforme Mittel treffen, was ihre Wirkungen angeht, wegen dieser zeitlichen Verschmelzung der Wirtschaftspolitik auf vorhergehende oder nachfolgende systemkonforme Maßnahmen und umgekehrt, was abschwächend oder gar neutralisierend wirken muß. Natürlich muß auch die entgegengesetzte Möglichkeit der gegenseitigen Verstärkung im Rahmen der zeitlichen Verschmelzung berücksichtigt werden.

Was gerade für das zeitliche *Nacheinander* gesagt wurde, gilt mutatis muntandis auch für das zeitliche *Nebeneinander*. In der Praxis kann Wirtschaftspolitik, wie wir bereits wissen, immer nur mit einer Kombination von Instrumenten auf eine Vielzahl von Zielen hin betrieben werden. Häufig wird daher der Fall eintreten, daß gleichzeitig mit inkonformen Instrumenten auch konforme Instrumente zum Einsatz gelangen (bzw. umgekehrt), die sich in ihren systemverändernden Wirkungen abschwächen, wie selbstverständlich auch hier wiederum die entgegengesetzte Möglichkeit Aktualität erlangen kann.

Entscheidend für die Frage nach der faktischen Inkonformität der Instrumente wegen Überschreitens der erwähnten Toleranzgrenzen ist also in der Empirie das Verhältnis, in dem ihre systemverändernden Auswirkungen im zeitlichen Nacheinander oder Nebeneinander mit abschwächenden oder verstärkenden Auswirkungen der anderen eingesetzten Instrumente zusammentreffen.

7.4 Die Konformitätsgrade

Auch die Berücksichtigung der ordnungspolitischen Elastizität verbessert also in Zusammenhang mit der Unterscheidung in formale sowie materiale Konformität die Anwendungsmöglichkeit dieses wichtigen Beurteilungskriteriums. Eine weitere Verbesserung ist nun dadurch zu erreichen, daß nach einem Vorschlag von *Thalheim* verschiedene Abstufungen der Konformität bzw. Inkonformität unterschieden werden. Wir wollen diese Abstufungen kurz als *Konformitätsgrade* bezeichnen.

In teilweiser Anlehnung an *Thalheim* wollen wir unsere bisherige Dreiteilung der Instrumente (systemkonform, systemneutral, systeminkonform) in der Weise erweitern, daß wir je zwei unterschiedliche Konformitäts- bzw. Inkonformitätsgrade erhalten. Als Unterscheidungskriterium dient uns bei dieser Aufsplitterung die *Stärke* oder *Intensität* der systemverändernden Effekte, die sich aus dem Einsatz der Instrumente ergeben. Wir erhalten auf diese Weise fünf Gruppen von Instrumenten, nämlich die *systemnotwendigen, -verbessernden, -neutralen, -verschlechternden und -zerstörenden Mittel.* Zur Verdeutlichung dieser Einteilung wählen wir den Fall des *marktwirtschaftlichen* Mischsystems und beginnen dabei mit der ersten Gruppe.

Systemnotwendig sind alle Instrumente, die zur Einrichtung und zum Ingangsetzen des marktwirtschaftlichen Lenkungssystems unabdingbar sind. Es handelt sich im wesentlichen um *qualitative* (strukturell-organisatorische) Instrumente, mit deren Hilfe die uns bereits geläufigen „konstituierenden Prinzipien" *Euckens* durchgesetzt werden sollen (Tausch, Privateigentum, Vertragsfreiheit). Da ein marktwirtschaftliches System jedoch nie in „chemischer" Reinheit realisiert werden kann, müssen bestimmte Teilbereiche der Wirtschaft durch zwangsverwaltungswirtschaftliche Methoden geordnet werden. Dieser letzte Sachverhalt ist unbestritten, wenngleich auch über das Ausmaß, in dem die Marktwirtschaft mit zwangsverwaltungswirtschaftlichen Ordnungselementen notwendigerweise durchsetzt werden muß, die Meinungen voneinander abweichen. Vollkommen objektiv wird sich in dieser Frage wohl auch nie ein Urteil fällen lassen, so daß die Entscheidung hierüber ohne bekenntnishaft oder hypothetisch eingeführte Axiome mit Werturteilscharakter nicht gefällt werden kann.

Systemverbessernd sind nach dem Gesagten alle diejenigen Instrumente, die die spezifische Wirkungsweise des marktwirtschaftlichen Lenkungsmechanismus fördern oder erleichtern, d. h. seine Funktionstüchtigkeit verbessern; generell gesprochen also alle Maßnahmen, die Hemmungen, Reibungen, Störungen usw. im Funktionsvollzug verhüten. Weitgehende Überschneidung dieser Instrumente mit den „regulierenden Prinzipien der Wettbewerbsordnung" *Euckens* ist auch hier wiederum gegeben. In diese Gruppe fallen — um einige Beispiele anzuführen — sämtliche Maßnahmen, die eine größere *Mobilität* der Produktionsfaktoren bewirken, die das *Verhalten* der Wirtschaftssubjekte *marktgerechter* gestalten (wie Preisauszeichnung und Marktberichterstattung), die Einhaltung der *Spielregeln* des Wettbewerbs verbessern (wie Wettbewerbsgesetzgebung), *Wettbewerbsintensivierung* durch die Errichtung und den Betrieb staatlicher Unternehmungen, *Ordnungstaxen* und *Richtpreise* um spekulativ oder strukturell bedingte Über-Flexibilität des Preis- und Mengenmechanismus auf das zweckmäßige Niveau zu begrenzen u.a.m. Die Aufzählung macht deutlich, daß diese Gruppe sowohl qualitative wie auch quantitative Instrumente umfaßt. Sie weisen eine gewisse Verwandtschaft mit Maßnahmen auf, die in der Literatur als „Anpassungsinterventionen" bezeichnet worden sind; grob formuliert werden darunter Maßnahmen verstanden, die nicht *gegen* das Wirken des

Marktmechanismus gerichtet sind, sondern sich aus dem Marktmechanismus ergebende Entwicklungen und Tendenzen unterstützen bzw. in die vom Marktmechanismus tendierte Richtung hinsichtlich der Prozeßergebnisse zielen.

Die Ausführungen über die *systemneutralen* Instrumente können wir kurz halten, da wir das notwendige zu ihrer Charakterisierung bereits gesagt haben. Wie wir anhand der oben erwähnten Beispiele haben deutlich werden lassen, handelt es sich bei dieser Gruppe überwiegend um qualitative Maßnahmen, wenngleich ihr auch einige wichtige quantitative Instrumente wie Finanzzölle, Wechselkurse, geldpolitische Instrumente u.a.m. zuzurechnen sind. Allerdings sind auch hier *quantitative* Aspekte ihres Mitteleinsatzes zu berücksichtigen, weil durch *Überdosierung* beim Einsatz dieser Instrumente die Systemneutralität dieser Maßnahmen gefährdet wird.

Systemverschlechternd wirken sich vollständig analog zu den systemverbessernden Maßnahmen alle diejenigen Instrumente aus, die die Funktionstüchtigkeit des marktwirtschaftlichen Lenkungsmechanismus herabsetzen, ohne ihn selbst aufzuheben. Sowohl Maßnahmen, die die Arbeitsfähigkeit des Lenkungsmechanismus verschlechtern, wie auch solche, die die dem Marktmechanismus zugeschriebene Zielrichtungen hinsichtlich der Prozeßergebnisse ändern wollen, sind darunter zu verstehen (die letztgenannten mit gewichtigen Ausnahmen!). Im Hinblick auf dieses wirtschaftspolitische Anliegen zeigen sie weitgehende Verwandtschaft mit den in der Literatur häufig erwähnten *Erhaltungsinterventionen,* die insofern *gegen* den Markt gerichtet sind, als sie etwas erhalten wollen, was der Marktmechanismus zu beseitigen tendiert.

Sehr viele qualitative und quantitative Instrumente können in einem marktwirtschaftlichen System, insbesondere über ihre Nebenwirkungen, systemverschlechternde Auswirkungen zeitigen wie etwa offene und versteckte Subventionen, Berufs- und Zulassungsordnungen, Erziehungszölle, steuer- und tarifpolitische Privilegien u.a.m. Der systemverschlechternde Effekt dieser Instrumente hängt häufig nicht nur von ihrer *Einsatzstärke,* sondern auch von situationsbedingten Umständen, von der *Einsatzdauer* sowie von anderen Faktoren ab.

Als *systemzerstörend* haben alle Instrumente zu gelten, die den marktwirtschaftlichen *Lenkungsmechanismus* und das im Wettbewerb liegende *Anreiz- und Kontrollsystem* ausschalten oder so stark beschränken, daß seine Funktionsfähigkeit aufgehoben wird. Nur die dieser Gruppe angehörenden Maßnahmen tragen die für ein marktwirtschaftliches System verhängnisvolle Eigenschaft in sich, Kettenreaktionen i. S. der durch *v. Mises* entwickelten „Kettenreaktions-These" auslösen zu können. Ähnlich wie in der Technik bedarf es aber auch hier einer „kritischen Menge", um die mit einer gewissen Zwangsläufigkeit ablaufende Reaktion in Gang zu setzen. Auch hinsichtlich dieser Instrumente ist also auf die wirtschaftspolitische Elastizität des Gesamtsystems zu verweisen; vereinzelte Eingriffe dieser Art, insbesondere wenn sie sich zeitlich nicht kumulieren und nur eine partielle Außerkraftsetzung des marktwirtschaftlichen Lenkungsmechanismus in weniger wichtigen Bereichen der Wirtschaft (abweichende Teilordnungen) beinhalten, können nach den gemachten Erfahrungen verdaut werden, wenngleich sie auch mehr als nur „Schönheitsfehler" für das System sind.

Auch bei dieser Gruppe handelt es sich sowohl um qualitative wie quantitative Instrumente, bei Übergewicht der ersten Variante, die den „konstituierenden Prinzipien" *Euckens* zuwiderlaufen. Die quantitativen Instrumente dieser Gruppe verstoßen analog gegen die „regulierenden Prinzipien der Wettbewerbsordnung", weil sie nämlich den funktionierenden Marktmechanismus (Mengen- und Preisausgleichsfunktion, Anreizfunktion, Selektionsfunktion) ganz oder so stark aufheben, daß er nicht mehr arbeitsfähig ist. Zählen wir nur einige der wichtigsten Instrumente dieser Gruppe auf, dann wird ihr systemzerstörender Charakter unmittelbar einsichtig: staatliche Preisfixierung, Produktions- und Ablieferungsquoten, Verwendungsgebote und -verbote, Kontingentierung im Außenhandel, Devisenzwangswirtschaft, landwirtschaftliche Marktordnungen, Zulassungsverbote, Investitionsverbote u.a.m.

Bei anderen Instrumenten ist der systemzerstörende Charakter nicht so unmittelbar einsichtig, insbesondere wenn es sich um strukturell-qualitative Instrumente handelt. Die voraussichtlichen kurz- und langfristigen systemverändernden Wirkungen lassen sich nämlich oft nur sehr schwierig oder überhaupt nicht im voraus abschätzen, da die Modell-Analyse, mit deren Hilfe ja die Wirkungen antizipiert werden sollen, weitgehend versagt. Auch bei den übrigen Gruppen von Instrumenten mit anderen Konformitätsgraden stellten sich der Vorausschätzung ihrer systemrelevanten Wirkungen ähnliche oder die gleichen Schwierigkeiten entgegen. Das darin liegende Unsicherheitsmoment belastet naturgemäß die wissenschaftlichen und politischen Auseinandersetzungen über die Systemkonformität der Instrumente und bildet den Anlaß zu den starken Meinungsverschiedenheiten, denen nicht selten insbesondere die qualitativen Instrumente ausgesetzt sind.

Berücksichtigen wir ferner, daß die Einordnung der einzelnen Instrumente in die aufgeführten Konformitätsstufen nicht immer mit absoluter Sicherheit erfolgen kann, weil letztere nicht starr gegeneinander abgrenzbar sind und deshalb fließende Übergänge zeigen, so wird nur allzu deutlich, weshalb die ordnungspolitischen Debatten — nicht nur bei uns in der Bundesrepublik — häufig von so geringer sachlicher Ergiebigkeit sind. Je unsicherer die Einsichten und Erkenntnisse sind, umso geringer ist die Objektivität und umso größer ist im allgemeinen der Spielraum, in dem sich subjektives Meinen, Glauben sowie weltanschaulicher Dogmatismus breit machen können. Auch unter diesem Aspekt ist es verdienstvoll, daß die Wissenschaft sich im Zuge der Beschäftigung mit der Allgemeinen Volkswirtschaftspolitik dieser Problematik angenommen hat und damit nicht wenig dazu beitragen kann, die Diskussion zu versachlichen.

8. Die wirtschaftspolitischen Konzeptionen

8.1 Die wirtschaftspolitische Konzeption als Leitbild wirtschaftspolitischen Handelns

Wir erwähnten bereits, daß das Konformitätsprinzip, bedingt durch die schlechten Erfahrungen mit dem Interventionismus sowie den dirigistischen Methoden der 30er Jahre und des zweiten Weltkrieges, insbesondere in Deutschland eine bedeutsame Rolle auch in der praktischen Wirtschaftspolitik spielt. Das Gewicht, das man auch in der amtlichen Wirtschaftspolitik Westdeutschlands diesem Prinzip in der Variante der marktwirtschaftlichen Systemkonformität zumißt, kommt augenfällig in der Bezeichnung der amtlichen *wirtschaftspolitischen Konzeption* zum Ausdruck, die man ihr zugelegt hat: „Soziale Marktwirtschaft". Die Hervorhebung des Ordnungs- und Systemgedankens in dieser Bezeichnung ist unverkennbar und läßt sogar die damit ausgesprochene ordnungspolitische Verpflichtung als die *Hauptzielsetzung* der amtlichen Wirtschaftspolitik Westdeutschlands erscheinen.

In der Wirtschaftsgeschichte findet diese starke Betonung des Systemgedankens in der wirtschaftspolitischen Konzeption wenig Parallelen, wenngleich auch in jeder wirtschaftspolitischen Konzeption, wie wir bald noch sehen werden, notwendigerweise das Systemelement seine Rolle spielt. Die Aufzählung einiger wirtschaftspolitischer Konzeptionen anderer Länder der Gegenwart und der jüngsten Vergangenheit mag als Illustration für das erwähnte Spezifikum der Konzeption der „Sozialen Marktwirtschaft" dienen: Die Politik der Vollbeschäftigung, die Politik der Sozialen Sicherheit (Welfare-Staat), die Politik der Verstaatlichung, der „New Deal" in den USA der 30er Jahre, die „organisierte" Wirtschaft oder Verbands-Wirtschaft, die korporative Wirtschaft, die „ständische" Wirtschaft u.a.m. Die meisten dieser wirtschaftspolitischen Konzeptionen unterscheiden sich von der der „Sozialen Marktwirtschaft" schon rein äußerlich in ihrer Namensgebung dadurch, daß als Hauptzielsetzung *nicht* das ordnungspolitische Anliegen erscheint.

Daß dies bei der Konzeption der „Sozialen Marktwirtschaft" anders ist, hat seine historisch bedingten Gründe und ist keineswegs zufälliger Natur. Keines der anderen Länder der westlichen Welt ist seit den 30er Jahren derart tiefgreifenden und abrupten Veränderungen seiner Sozial- und Wirtschaftsstruktur im Zuge politischer Veränderungen und des 2. Weltkrieges einschließlich seiner Folgen unterworfen gewesen wie die Bundesrepublik. Daher ist es nur natürlich, daß hier das *Ordnungsbewußtsein* und die Einsicht in die Bedeutung des wirtschaftspolitischen Systems viel stärker ausgeprägt und sehr viel verbreiteter sind als in anderen Ländern, in denen die Entwicklung weit kontinuierlicher verlief, soweit Wandlungen des wirtschaftspolitischen Systems infrage stehen.

Was die wirtschaftspolitische Konzeption in Westdeutschland mit den aufgeführten und weiteren gemeinsam hat, ist ihre *Einprägsamkeit,* die durch schlagwortartige Verkürzung eines ganzen, möglicherweise umfangreichen wirtschaftspolitischen Programms, auf eine kurze Formel zustandekommt. Diese Reduktion des wirtschaftspolitischen Programms auf ein Stichwort ist nämlich eines der Charakteristika aller wirtschaftspolitischen Konzeptionen und erklärt sich aus ihrer *propagandistischen* Funktion sowie aus ihrer *Leitbild*-Funktion. Beiden Funktionen kann sie nur gerecht werden, wenn sie kurz und einfach gehalten wird. Als Instrument der Meinungsbildung und der politischen Auseinandersetzungen soll sie in der modernen, pluralistischen Massengesellschaft eine möglichst große Anhängerschaft gewinnen; das kann sie aber nur, wenn sie auf komplizierte Begriffe und Vorstellungen verzichtet und sich auf einen oder wenige Grundgedanken beschränkt, deren Gehalt für die große Masse einsichtig ist. Als Leitbild, an der jeder wirtschaftspolitische Akt ausgerichtet werden soll, kann sie nicht auf Teilprobleme, Tagesfragen und Ausnahmesituationen abgestellt werden, sondern nur auf eines oder wenige derjenigen wirtschaftspolitischen Anliegen, die in langfristiger Sicht als die bedeutsamsten angesehen werden. Wie unsere Beispiele zeigen, können diese Anliegen die Eigenschaft von *wirtschaftspolitischen* Zielen (Vollbeschäftigung, Soziale Sicherheit), *Methoden* (Verstaatlichung, New Deal), *ordnungspolitischen Belangen* (korporative Wirtschaft, ständische Wirtschaft), *Grundsätzen* (laisser-faire) u.a.m. haben. Die ausdrückliche Aufnahme *eines* wirtschaftspolitischen Anliegens in die Bezeichnung der wirtschaftspolitischen Konzeption hat in der Regel die Bedeutung, daß diesem Anliegen Priorität vor allen anderen zukommt. Die Beschränkung und seine ausdrückliche Nennung kann nach allem, was wir bisher über die Wirtschaftspolitik erfahren haben, natürlich nicht bedeuten, daß nur dieses *eine* Anliegen verfolgt werden soll. In dieser Hinsicht gilt vielmehr, daß das in der wirtschaftspolitischen Konzeption genannte Anliegen, als ein *Sammelausdruck* oder eine *Kurzbezeichnung* für die Vielzahl von wirtschaftspolitischen Zielsetzungen steht, die den Inhalt des sich hinter der Namensgebung verbergenden wirtschaftspolitischen Programmes ausmachen.

Es versteht sich beinahe von selbst, daß die auf die genannten Funktionen hin vorgenommene Vereinfachung bzw. Übervereinfachung nicht unerhebliche Mängel mit sich bringen muß, die die Rationalität und Effizienz der Wirtschaftspolitik mehr oder weniger stark gefährden, worauf besonders *Pütz* aufmerksam gemacht hat. Sie bestehen einmal darin, daß die wirtschaftspolitische Konzeption als Werkzeug der praktischen Politik zur Übertreibung, Einseitigkeit und Polemik Veranlassung gibt, weil sie immer auch gleichzeitig eine konkurrierende und *kritische* Stellungnahme zu anderen aktuellen Konzeptionen beinhaltet. Der Politiker wird außerdem dahin tendieren, seine Konzeption überoptimistisch zu formulieren, d. h. sie in einem höheren Grade realisierbar erscheinen lassen, als dies auf der Basis nüchterner und rationaler Überlegungen der Fall sein kann. Und schließlich wird sie häufig mit Absicht vieldeutig formuliert, um sie im Hinblick auf Änderungen der ökonomischen und politischen Situation „interpretationsfähig“ zu halten; auch der Gruppenpluralismus in der modernen Massengesellschaft wirkt in dieser Richtung: um eine möglichst große Anhängerschaft zu gewinnen, muß die Akzentuierung bzw. die Artikulation stets vorhandener Interessenkollisionen in der Namensgebung möglichst vermieden werden. Eine möglichst allgemein gehaltene Formulierung kann neben anderem auch diesen Dienst leisten.

8.2 Wissenschaftliche Wirtschaftspolitik und praktische Verwendungsfähigkeit wirtschaftspolitischer Konzeptionen

Solche und ähnliche Nachteile müssen aber den Wert der wirtschaftspolitischen Konzeption für die praktische Wirtschaftspolitik mehr oder weniger stark herabsetzen. Das ist umso bedauerlicher, als die wirtschaftspolitischen Konzeptionen — jedenfalls die der Neuzeit — die Überwindung des systemlosen, punktuellen und nachträglich korrigierenden Interventionismus ermöglichen sollten. Man hatte erkannt, daß die Wirtschaftspolitik optimal nur betrieben werden kann, wenn die wirtschaftspolitischen Einzelmaßnahmen als Teile eines zusammengehörigen Ganzen, d. h. mit Berücksichtigung des Sinn- und Wirkungszusammenhanges zwischen den Einzelakten, geplant und durchgeführt werden, wenn die Wirtschaftspolitik langfristig und auf Dauer *vorausgeplant* und auf *Kontinuierlichkeit* abgestellt ist. Die wirtschaftspolitische Konzeption kann nun aber als ein einheitliches Gesamtkonzept, an dem alle Einzelmaßnahmen auszurichten sind, gerade unter diesen Aspekten wertvolle Dienste leisten; Voraussetzung ist allerdings, daß ihr Inhalt, der sich hinter dem „Code-Wort“ verbirgt, so präzise und detailliert festgelegt wird, daß die Träger der Wirtschaftspolitik und alle an der Wirtschaftspolitik mitwirkenden Institutionen auch diese Orientierung praktisch vornehmen können.

Zur Lösung dieser letzten Aufgabe kann die Allgemeine Volkswirtschaftspolitik als wissenschaftliche Disziplin einiges beisteuern und hat dies bereits mit Erfolg getan, wenngleich auch die intensive Beschäftigung mit diesem Gegenstand erst in ihren Anfängen steht. Wie aus unseren Darlegungen deutlich geworden ist, stellt die Beschäftigung mit den Zielen, Mitteln und der Situation den Hauptinhalt des theoretisch-systematischen Teils der Allgemeinen Volkswirtschaftspolitik dar. Gerade diese drei Elemente der Politik müssen aber nach dem derzeitigen Stand unserer Einsichten als der materielle *Hauptinhalt* jeder wirtschaftspolitischen Konzeption angesehen werden. Wegen dieser Übereinstimmung ist es auch möglich, die Einsichten und Erkenntnisse der Allgemeinen Volkswirtschaftspolitik für die Interpretation der wirtschaftspolitischen Konzeptionen in der angedeuteten Richtung nutzbar zu machen. Daß die Allgemeine Volkswirtschaftspolitik daneben auch für die Entwicklung neuer wirtschaftspolitischer Konzeptionen Hilfestellung leisten kann, zeigt das Beispiel der „Sozialen Marktwirtschaft", die von dem derzeitigen Staatssekretär im BWM, Prof. Dr. *Müller-Armack* unmittelbar nach Ende des 2. Welkrieges entworfen wurde, der dabei auf erhebliche Vorarbeiten der Freiburger Schule um *Eucken* zurückgreifen konnte.

Konzentrierten sich seine Untersuchungen auf eine spezifische Konzeption, so versuchen neuere Arbeiten die Problematik einer mehr generellen und systematischen Lösung zuzuführen. Insbesondere die Frage, welche Elemente jede wirtschaftspolitische Konzeption einschließen muß, um zureichend rational und gleichzeitig praktikabel genug zu sein, hat das Interesse der Wissenschaft auf sich gezogen. Da die Forderung nach Kürze und Einprägsamkeit die ausdrückliche Erwähnung und Aufzählung dieser Elemente in der Bezeichnung der wirtschaftspolitischen Konzeptionen verbietet, müssen sie im Wege der Interpretation in Form einer „Gebrauchsanweisung" oder „Legende" angefügt werden.

Wie bereits erwähnt, ist nach den vorläufigen Ergebnisse der einschlägigen Untersuchungen zu vermuten, daß den Hauptbestandteil jeder wirtschaftspolitischen Konzeption die schon mehrfach zitierten *Elemente der Politik*, d. h. die Lage, die Ziele und die Mittel, bilden. Das Spezifikum der einzelnen wirtschaftspolitischen Konzeption liegt darin, welche konkreten *Ziele* sie unter Berücksichtigung der jeweiligen *Situation* verwirklichen und mit welchen konkreten *Mitteln* sie diese Ziele unter dem Anspekt der Ziel- und Systemkonformität anstreben will. Nach dem Gesagten würden nähere Aussagen zu diesen Elementen der wirtschaftspolitischen Konzeption den Hauptinhalt der erläuternden Interpretation ausmachen. Welcher Art diese Aussagen, welche Aspekte zu berücksichtigen sind und was sie zum konkreten Inhalt haben, wollen wir anhand der erwähnten Elemente mit einigen allgemein gehaltenen Bemerkungen anzudeuten versuchen:

Die Berücksichtigung der jeweiligen historischen *Situation* ergibt sich als notwendige Folge der Forderung nach Realisierbarkeit und Realitätsbezogenheit der wirtschaftspolitischen Konzeption. Sowohl die Entscheidung über die anzustrebenden Ziele wie auch über die anzuwendenden Mittel hat der jeweiligen Situation unter einer Vielzahl von Aspekten Rechnung zu tragen: den Entwicklungstendenzen der Volkswirtschaft, den außen- und innenpolitischen Verhältnissen, der Sozialstruktur, den dominierenden politischen und wirtschaftspolitischen Anschauungen, dem Rechtssystem usw. Die Berücksichtigung dieser Faktoren führt nicht nur zu einer bestimmten Kombination von Zielen und bestimmten Prioritätsbeziehungen unter ihnen, sondern sie beeinflußt auch die Entscheidung darüber, welche Instrumente konkret als autonom oder nicht-autonom zu gelten haben, welche faktische im Gegensatz zu potentieller Zielkonformität aufweisen, ob ihre Systemkonformität formaler oder materieller Natur ist usw. Sie führt auch, worauf *Pütz* aufmerksam gemacht hat, dazu, den *Kompromiß* als Wesensbestandteil der praktischen Wirtschaftspolitik und damit auch der wirtschaftspolitischen Konzeption als eines Leitbildes für wirtschaftspolitisches Handeln zu konzipieren. Zumindest in jeder freiheitlichen Gesellschaft wird gegensätzlichen Interessen und antinomischen Zielvorstellungen Spielraum gewährt, zwischen denen nur über den Kompromiß eine Brücke geschlagen werden kann. Die Folge sind kompromißbehaftete Ziel- und Mittelkombinationen in wirtschaftspolitischen Konzeptionen. Die spezielle Aufgabe der wissenschaftlichen Wirtschaftspolitik ist es in diesem Zusammenhang, den Kompromiß in seinen Konsequezen sichtbar und deutlich zu machen sowie seine Grenzen im Hinblick auf die Funktionsfähigkeit des Gesamtsystems und die dominierende(n) Zielsetzung(en) ökonomischer oder außerökonomischer Natur aufzuzeigen.

Hinsichtlich der *Ziele* gilt, daß entsprechend dem Leitbild-Charakter der wirtschaftspolitischen Konzeption in die Interpretation grundsätzlich nur die *langfristig* angestrebten *Hauptziele* aufzunehmen sind. Mit dieser Einschränkung muß jedoch die Aufzählung vollständig sein, weil andernfalls die praktische Verwendungsfähigkeit der wirtschaftspolitischen Konzeption, was die Rationalität und Effizienz der auf ihrer Grundlage betriebenen Wirtschaftspolitik angeht, stark eingeschränkt würde.

Vollständig ist die Aufzählung nur — wie *Jöhr* betont hat — wenn sie die folgenden Arten von Zielen enthält:

1. Ziele, welche die Wachstumsrate des Sozialproduktes und die Gleichmäßigkeit des Wachstums im Zeitablauf, die personelle Verteilung des Volkseinkommens sowie seine Aufteilung auf die private und öffentliche Hand betreffen.

2. Ziele, die sich auf die Stabilität des makro-ökonomischen Gesamtprozesses (Kreislauf), insbesondere hinsichtlich der Beschäftigung, des Geldwertes und des Zahlungsbilanzgleichgewichtes, beziehen.

3. Ziele, welche die Sicherung der Existenz des Staates als organisierte Gesamtheit der Gesellschaft betreffen sowie Art und Ausmaß der Sicherung der ökonomischen Existenz von Wirtschaftssubjekten bzw. Gruppen von Wirtschaftssubjekten.

4. Ziele, die die Gestaltung der geographischen Verteilung der ökonomischen Aktivität innerhalb des Wirtschaftsraumes der Gesellschaft zum Gegenstand haben.

5. Ziele, die das Verhältnis von Individuum und Gemeinschaft betreffen, soweit dadurch die Sphäre der ökonomischen Freiheit des Individuums tangiert wird.

Die letzterwähnte Gruppe von Zielen kann abweichend von unserem Vorgehen auch als eine Art von einschränkenden Bedingungen (nach *Pütz* bedingende Werte) für die Realisierung der erstgenannten Gruppen von Zielsetzungen aufgefaßt werden. Je nachdem, was die konkreten Zielsetzungen in den einzelnen Gruppen sind, können einzelne von ihnen untereinander, insbesondere aber im Verhältnis zu den Zielen der letzten Gruppe antinomischen Charakter tragen. In diesem Sachverhalt demonstriert sich dann entsprechend dem gerade Gesagten der kompromißbehaftete Charakter der wirtschaftspolitischen Konzeption.

Die Aufzählung aller *Mittel*, die faktische Ziel- und/oder Systemkonformität bzw. Systemneutralität beanspruchen können, verbietet sich aus ungefähr den gleichen Gründen, die gegen die Aufnahme sämtlicher Ziele sprechen. Es kommt hinzu, daß die Ziele ja nicht alle genannt sind und schon aus diesem Grunde Vollständigkeit der Aufzählung der Instrumente nicht möglich ist. Viele der Einzelziele werden sich in Konsequenz der ständigen Veränderungen, denen der Wirtschaftsprozeß im Zeitablauf unterworfen ist, wandeln, welcher Sachverhalt ein weiterer Grund für die mehr grundsätzliche und systematische Behandlung des Mittelproblems ist. Es empfiehlt sich deshalb — nach einem Vorschlag von *Pütz* — Aussagen hinsichtlich der Mittel auf Aussagen über *wirtschaftspolitische Methoden* zu reduzieren, wobei der Begriff der Methode so zu definieren ist, daß er ein Auswahlkriterium für diejenigen Instrumente und Maßnahmen abgeben kann, die unter Berücksichtigung der situationsbedingten Gegebenheiten und bei Beachtung der faktischen Systemkonformität sowie der Kompromisse über die Ziele optimale Zielverwirklichung ermöglichen. Im Anschluß an die aufgeführten Gruppen von Zielen wäre also ein System der wichtigsten Methoden auf den Gebieten der Wachstumspolitik, der Einkommens- und Finanzpolitik, der Beschäftigungs-, Geld- und Währungspolitik, der Außenhandelspolitik, der Raumwirtschaftspolitik, der Strukturpolitik (Existenzschutz) sowie der Wirtschaftsordnungspolitik (ökonomische Freiheit) zu entwickeln.

Der aufmerksame Leser wird insbesondere aus den letzten Ausführungen zu den Elementen der wirtschaftspolitischen Konzeptionen die vielfältigen und engen Verbindungslinien entnommen haben, die zwischen den allgemein gehaltenen Bemerkungen und den Ausführungen in den vorhergehenden Teilen des vorliegenden Werkes bestehen. Im Kern stellen diese Bemerkungen nichts weiter als den Versuch dar, die in den vorhergehenden Abschnitten gewonnenen Erkenntnisse und Einsichten für die nähere Kennzeichnung des Inhaltes von wirtschaftspolitischen Konzeptionen dienstbar zu machen. Sie legen gleichzeitig die Vermutung nahe, daß wirtschaftspolitische Konzeptionen *ohne* hinreichende Fundierung und Interpretation auf der Grundlage der durch die Allgemeine Wirtschaftspolitik entwickelten Einsichten die praktische Wirtschaftspolitik vor erhebliche Belastungen stellen können; die Schwierigkeiten und Probleme der praktischen Wirtschaftspolitik können eben nicht durch die einfache Einführung neuer Begriffe gelöst werden — mögen letztere auch noch so einprägsam sein — sofern sich mit ihnen nicht ein präziser und detaillierter Inhalt verbindet.

Literaturverzeichnis

Allgemeine Lehrbücher

Braun, M. St., Theorie der staatlichen Wirtschaftspolitik, Leipzig-Wien 1929.
Englis, K., Teleologische Theorie der Staatswirtschaft, Brünn 1933.
Dietze, C. v., Volkswirtschaftspolitik, Mannheim-Berlin-Leipzig 1936.
Meade, J. E., An Introduction to Economic Analysis and Policy, London 1936, 2. Aufl., London 1937.
Jessen, J., Grundlagen der Volkswirtschaftspolitik, Hamburg 1937.
Eulenburg, F., Allgemeine Volkwirtschaftspolitik, Zürich-Leipzig 1938.
Jöhr, W. A., Theoretische Grundlagen der Wirtschaftspolitik, Bd. I: Die Argumente der Wirtschaftsfreiheit, das Modell der vollkommenen Konkurrenz und seine Annäherung an die Wirklichkeit, St. Gallen 1943.
Küng, E., Der Interventionismus. Volkswirtschaftliche Theorie der staatlichen Wirtschaftspolitik, Bern 1941.
Bresciani-Turroni, C., Einführung in die Wirtschaftspolitik, Bern 1948.
Pütz, Th., Theorie der Allgemeinen Wirtschaftspolitik und Wirtschaftslenkung, Wien 1948.
Büchner, R., Grundfragen der Wirtschaftspolitik, Berlin 1951.
Eucken, W., Grundsätze der Wirtschaftspolitik, Bern-Tübingen 1952, 2. Aufl., Tübingen und Zürich 1955.
Meinhold, W., Volkswirtschaftspolitik, München 1955.
Seraphim, H. J., Theorie der allgemeinen Volkswirtschaftspolitik, Göttingen 1955. 2., verbesserte und erweiterte Auflage, Göttingen 1963.
Tinbergen, J., Economic Policy: Principles and Design, Amsterdam 1956.
Boulding, K. E., Principles of Economic Policy, New York 1958.
Hoffmann, W. G., Allgemeine Wirtschaftspolitik. In: Handbuch der Wirtschaftswissenschaften, Bd. II Volkswirtschaft, Köln und Opladen 1959.
Giersch, H., Allgemeine Wirtschaftspolitik. Bd. I: Grundlagen, Wiesbaden 1960.

Zu Kapitel 1:

Wilbrandt, R., Das Problem der Volkswirtschaftspolitik, Stuttgart 1925.
Mises, L. v., Kritik des Interventionismus. Untersuchung zur Wirtwirtschaftspolitik und Wirtschaftsideologie der Gegenwart, Jena 1929.
Helander, S., Rationale Grundlagen der Wirtschaftspolitik, Nürnberg 1933.
Myrdal, G., Das Zweck-Mittel-Denken in der Nationalökonomie. In: Zeitschr. f. Nat., Bd. 4 (1933), S. 305 ff.
Morgenstern, O., Die Grenzen der Wirtschaftspolitik, Wien 1934.
Weisser, G., Wirtschaftspolitik als Wissenschaft, Stuttgart 1934.
Vleugels, W., Die Wirtschaftslehre als politische Ökonomie und die formale Wirtschaftstheorie, Stuttgart 1936.

Büchner, R., Wirtschaftspolitik als Wissenschaft. In: Festgabe Fritz Fleiner, hrsg. von der Rechts- und Staatswissenschaftlichen Fakultät der Universität Zürich, Zürich 1937.

Wagemann, E., Wirtschaftspolitische Strategie, Hamburg 1937.

Walker, E. R., From Economic Theory to Economic Policy, Chicago 1943 (deutsche Ausgabe: Von der Wirtschaftstheorie zur Wirtschaftspolitik, Wiesbaden 1951)

Lampe, A., Umrisse einer allgemeinen Theorie der Wirtschaftspolitik. In: Jahrb. f. Nat. u. St., Bd. 163 (1951), S. 81 ff.

Weisser, G., Politik als System aus normativen Urteilen, Göttingen 1951.

Haller, H., Wirtschaftstheorie und Wirtschaftspolitik. In: Weltw. Arch., Bd. 73 (1954 II), S. 229 ff.

Keller, P., Dogmengeschichte des wohlstandspolitischen Interventionismus, Winterthur 1955.

Jöhr, W. A. u. Singer, H. W., Die Nationalökonomie im Dienste der Wirtschaftspolitik, Göttingen 1957. 2., erweiterte Auflage, Göttingen 1964.

Morgenstern, O., Der theoretische Unterbau der Wirtschaftspolitik, Köln-Opladen 1957.

Neuhauser, G., Zur Klärung einiger Grundbegriffe der theoretischen Wirtschaftspolitik. In: Zeitschr. f. Nat., Bd. 17 (1957), S. 244 ff.

Kolms, H., Marktwirtschaft und Wirtschaftspolitik. Neuere Entwicklungen wirtschaftswissenschaftlicher Forschung, Frankfurt a. M. 1958.

Schiller, K., Neuere Entwicklungen in der Theorie der Wirtschaftspolitik, Tübingen 1958.

Willeke, E., Die Wirtschaftspolitik als Gegenstand wissenschaftlicher Betrachtung. Eine grundsätzliche Stellungnahme zur Bestimmbarkeit wirtschaftspolitischer Ziele. In: Veröffentlichungen der Wirtschaftshochschule Mannheim, Reihe 2, Heft 2, Stuttgart 1958.

Tuchtfeldt, E., Zur Theorie der Wirtschaftspolitik. Entwicklungstendenzen und Probleme. In: Jahrb. f. Sozialwiss., Bd. 4/10 (1959), Heft 2, S. 168 ff.

Zu Kapitel 2:

Cassirer, E., Das Erkenntnisproblem in der Philosophie und Wissenschaft der neueren Zeit, Bd. 1 (1906), Bd. 2 (1907), Bd. 3 (1920). 3. Aufl. Bd. 1 u. 2 (1922), 2. Aufl. Bd. 3 (1923).

Verhandlungen des Vereins für Socialpolitik in Wien 1909 (Schriften des Vereins für Socialpolitik, Bd. 132, Leipzig 1910).

Philippovich, E. v., Das Wesen der volkswirtschaftlichen Produktivität und die Möglichkeit ihrer Messung. In: Schr. d. V. f. Sp., Bd. 132, Leipzig 1910.

Pareto, V., Manuel D'Economie Politique, Deuxième Edition, Paris 1927.

Gottl-Ottlilienfeld, Fr. v., Wirtschaft und Wissenschaft, 2 Bde., Jena 1931.

Robbins, L., An Essay on the Nature and Significance of Economic Science, London 1932, 2. Aufl., London 1952.

Popper, K. R., Logik der Forschung, Wien 1935. Erw. engl. Übers.: The Logic of Scientific Discovery, London 1959.

Bergson, A., A Reformulation of Certain Aspects of Welfare Economics. In: Quart. Jour. Econ., Febr. 1938 LII, p. 310—334.

Hotelling, H., The General Welfare in Relation to Problems of Taxation and of Railway and Utility Rates. In: Econometrica, July 1938, VI, p. 242—269.

Hicks, J. R., The Foundations of Welfare Economics. In: Economic Journal, Dec. 1939, XLIX, p. 696—712.
Kaldor, N., Welfare Propositions in Economics and Interpersonal Comparisons of Utility. In: Economic Journal, Sept. 1939, XLIX, p. 549—552.
Weippert, G., Vom Werturteilsstreit zur politischen Theorie. In: Weltw. Arch., Bd. 49 (1939), S. 1—100.
Hicks, J. R., The Rehabilitation of Consumers' Surplus. In: Review of Economic Studies 1940/41.
Lange, O., The Foundations of Welfare. In: Econometrica, July-Oct. 1942, X, p. 215—228.
Stigler, G. J., The New Welfare Economics. In: American Economic Review, June 1943, XXXIII, p. 355—359.
Lerner, A. P., The Economics of Control, New York 1944, Neudruck, New York 1956.
Boulding, K. E., The Economics of Peace, New York 1945.
Knight, F. H., Freedom and Reform. Essays in Economic and Social Philosophy, New York 1947.
Reder, M. W., Studies in the Theory of Welfare Economics, New York 1947.
Samuelson, P. A., Foundations of Economic Analysis, Cambridge 1947.
Bresciani-Turroni, C., Einführung in die Wirtschaftstheorie, Bern 1948.
Pütz, Th., Theorie der Allgemeinen Wirtschaftspolitik und Wirtschaftslenkung, Wien 1948.
Little, I. M. D., A Critique of Welfare Economics, Oxford 1950, 2. ed., Oxford 1957.
Peter, H., Welfare Economics. Ethik und doch Wissenschaft. In: Finanzarchiv, N.F. Bd. 12 (1950), S. 6—28.
Giersch, H., Das Problem der Objektivitiät des wirtschaftspolitischen Urteils und der Lösungsversuch der neueren Lehre vom wirtschaftlichen Wohlstand. In: Zeitschr. f. d. ges. St., Bd. 107 (1951), S. 247 ff.
Hensel, K. P., Das Verhältnis politischer Wissenschaft zur Politik. In: Ordo, Bd. 4 (1951), S. 3—17.
Scitovsky, T., The State of Welfare Economics. In: The American Economic Review, June 1951, XLI, p. 303—315.
Weber, M., Die Objektivität sozialwissenschaftlicher und sozialpolitischer Erkenntnis. In: Gesammelte Aufsätze zur Wissenschaftslehre, Tübingen 1951.
Boulding, K. E., Welfare Economics. In: A Survey of Contemporary Economics, Volume II, Illionois 1952, p. 1 ff.
Pigou, A. C., The Economics of Welfare, London 1920, 4. ed., 1952.
Weippert, G., Werner Sombarts Gestaltidee des Wirtschaftssystems Göttingen 1953.
Theil, H., Econometric Models and Welfare Maximization. In: Weltw. Arch., Bd. 72 (1954), S. 60 ff.
Seraphim, H. J., Theorie der allgemeinen Wirtschaftspolitik, Göttingen 1955. 2., verbesserte und erweiterte Auflage, Göttingen 1963.
Arrow, K. J., Social Choice and Individual Values, New York und London 1957.
Böhler, E., Das Werturteil in der Nationalökonomie. In: Schweiz. Zeitschr. f. Volksw. und Stat., 94. Jg., Heft 1 (1958), S. 26—47.
Jöhr, W., Der Kompromiß als Problem der Gesellschafts-, Wirtschafts- und Staatsethik, Tübingen 1958.

Gieršch, H., Allgemeine Wirtschaftspolitik, Bd. I: Grundlagen, Wiesbaden 1960.

Schachtschabel, H. G., Der Wandel des Gerechtigkeitsbegriffes. In: Schr. d. V. f. Sp., N.F. Bd. 18, Berlin 1960, S. 59 ff.

Suranyi-Unger, Th., Die philosophischen Grundlagen wirtschaftlicher Zielsetzungen. In: Schr. d. V. f. Sp., N.F. Bd. 18, Berlin 1960, S. 95 ff.

Weippert, G., Zur Problematik der Zielbestimmung in wirtschaftspolitischen Konzeptionen. In: Schr. d. V. f. Sp., N.F. Bd. 18, Berlin 1960, S. 175 ff.

Willeke, E., Zur Problematik der Zielbestimmung in wirtschaftspolitischen Konzeptionen. In: Schr. d. V. f. Sp., N.F. Bd. 18, Berlin 1960, S. 115 ff.

Zu Kapitel 3:

Rüstow, A., Interessenpolitik oder Staatspolitik. In: Schr. d. V. f. Sp., Bd. 187 (1933), S. 62 ff.

Hall, F. P., Government and Business, New York 1939, 3. Aufl. 1949.

Koontz, H., Government Control of Business, New York 1941.

Küng, E., Der Interventionismus. Volkswirtschaftliche Theorie der staatlichen Wirtschaftspolitik, Bern 1941.

Marbach, F., Zur Frage der wirtschaftlichen Staatsintervention. Bern o. J. (1950).

Galbraith, J. K., American Capitalism. The Concept of Countervailing Power, Boston 1952.

Gruner, E., Das Problem der wirtschaftlichen Interessenvertretung in historischer Sicht. In: Schweiz. Zeitschr. f. Volksw. u. Stat., Bd. 90 (1954).

Tinbergen, J., Centralization and Decentralization in Economic Policy, Amsterdam 1954.

Breitling, R., Die Verbände in der Bundesrepublik. Ihre Arten und ihre politische Wirkungsweise, Meisenheim am Glan 1955.

Eschenburg, Th., Herrschaft der Verbände? Stuttgart 1955.

Seraphim, H. J., Theorie der allgemeinen Volkswirtschaftspolitik, Göttingen 1955. 2., verbesserte und erweiterte Auflage, Göttingen 1963.

Willgerodt, H., Zum Problem der Wirtschaftsverbände. Zu Emil Küng: „Parteien und Verbände". In Ordo, Bd. 7 (1955), S. 257 ff.

Tinbergen, J., Economic Policy: Principles and Design, Amsterdam 1956.

Tuchtfeldt, E., Wirtschaftspolitik und Verbände. In: Hamburger Jahrb. f. Wirtschafts- u. Gesellschaftspolitik, 1. Jahr, Tübingen 1956, S. 72—84.

Werner, J., Die Wirtschaftsverbände in der Marktwirtschaft, Zürich-St. Gallen 1957.

Esenwein-Rothe, I., Willensbildung und wirtschaftspolitische Führung in der Marktwirtschaft. I. Teil: Die Beeinflußbarkeit von Willensentscheidungen privater Wirtschaftssubjekte bei dezentraler Lenkung des Wirtschaftsprozesses. In: Schr. d. V. f. Sp., N.F. Bd. 19 (1959), S. 49 ff.

Hensel, K. P., Über wirtschaftliche und wirtschaftspolitische Willensbildung und Willensverwirklichung in verschiedenen Ordnungen. In: Schr. d. V. f. Sp., N.F. Bd. 19 (1959), S. 11 ff.

Meinhold, W., Wirtschaftspolitischer Pluralismus und die Aufgaben der Koordinierung von Zielen und Mitteln. In: Schr. d. V. f. Sp., N.F. Bd. 19 (1959), S. 123 ff.

Schmölders, G., Willensbildung und wirtschaftspolitische Führung in der Marktwirtschaft. II. Teil: Die Überwindung von Widerständen der Wirtschaftssubjekte. In: Schr. d. V. f. Sp., N.F. Bd. 19 (1959), S. 103 ff.
Werner, J., Die Wirtschaftsverbände als Träger von Ordnungsfunktionen. In: Schr. d. V. f. Sp., N.F. Bd. 19 (1959), S. 147 ff.
Giersch, H., Allgemeine Wirtschaftspolitik. Bd. I: Grundlagen, Wiesbaden 1960.
Möller, H., Internationale Wirtschaftsorganisationen, Wiesbaden 1960.
Papi, G. U., Eine Theorie über das ökonomische Verhalten des Staates. In: Zeitschr. f. d. ges. St., Bd. 116, Heft 1 (1960), S. 1 ff.
Pfanzagl, G., Allgemeine Methodenlehre der Statistik, Berlin 1960.

Zu Kapitel 4:

Morgenstern, O., Wirtschaftsprognose. Eine Untersuchung ihrer Voraussetzungen und Möglichkeiten, Wien 1928.
Peter, H., Grenzen der Statistik in der Konjunkturforschung. Ein Beitrag zur Kritik der Wirtschaftsprognose. In: Veröffentlichungen der Frankfurter Gesellschaft für Konjunkturforschung, Heft 5, Bonn 1930. 2., umgearb. u. erw. Aufl.: Statistik und Theorie in den Wirtschaftswissenschaften, Stuttgart 1935.
Klein, L. R., The use of econometric models as a guide to economic policy. In: Econometrica, Vol. 15 (1947), p. 111 ff.
Theil, H., Econometric Models and Welfare Maximization. In: Weltw. Arch., Bd, 72 (1954), S. 60 ff.
Schneider, E., Einführung in die Wirtschaftstheorie, I. Teil, Theorie des Wirtschaftskreislaufs, Tübingen 1947, 7. Aufl. Tübingen 1958.
Leontief, W. W., Die Methode der input-output-Analyse. In: Allg. Stat. Arch., Heft 2 (1952), S. 153—166.
Tinbergen, J., Einführung in die Ökonometrie, Stuttgart und Wien 1952.
Haberler, G., Prosperität und Depression. Eine theoretische Untersuchung der Konjunkturbewegungen, Bern 1948, 2., erw. Aufl. Tübingen 1955.
Seraphim, H. J., Theorie der allgemeinen Volkswirtschaftspolitik, Göttingen 1955. 2., verbesserte und erweiterte Auflage, Göttingen 1963.
Tinbergen, J., Economic Policy: Principles and Design, Amsterdam 1956.
Albert, H., Theorie und Prognose in den Sozialwissenschaften. In: Schweiz. Zeitschr. f. Volksw. und Stat., 93. Jg. (1957), S. 60—76.
Jöhr, W. A. u. Singer, H. W., Die Nationalökonomie im Dienste der Wirtschaftspolitik, Göttingen 1957. 2., erweiterte Auflage, Göttingen 1964.
Werner, J., Die Wirtschaftsverbände in der Marktwirtschaft, Zürich-St. Gallen 1957.
Colm, G., Economic projections: tools of economic analysis and decision making. In: The American Economic Review, 48, 2 (1958), S. 385—395.
Kneschaurek, F., Die volkswirtschaftlichen Gesamtrechnungen als Mittel der Wirtschaftsanalyse und Wirtschaftspolitik. Die nationale Buchführung, Zürich und St. Gallen 1958.
König, H., Die volkswirtschaftliche Gesamtrechnung als Instrument der Wirtschaftspolitik. In: Zeitschr. f. d. ges. St., Bd. 114, Heft 3 (1958), S. 385—395.
Krelle, W., Volkswirtschaftliche Gesamtrechnung einschließlich input-output-Analyse, Berlin 1959.

Giersch, H., Allgemeine Wirtschaftspolitik. Bd. I: Grundlagen, Wiesbaden 1960.

Zu Kapitel 5:

Heimann, E., Entwicklungsgang der wirtschafts- und sozialpolitischen Systeme und Ideale. Grundriß der Sozialökonomik, I. Abt. 1. Teil, 2. Aufl., Tübingen 1924.

Mombert, P., Soziale und wirtschaftspolitische Anschauungen in Deutschland vom Beginn des 19. Jahrhunderts bis zur Gegenwart, 2. Aufl., Leipzig 1928.

Tinbergen, J., Econometric Business Cycle Research. In: Review of Economic Studies. Vol. VII (1939/40), S. 74/75.

Müller-Armack, A., Genealogie der Wirtschaftsstile, Stuttgart 1944.

Bresciani-Turroni, C., Einführung in die Wirtschaftspolitik, Bern 1948.

Pütz, Th., Theorie der Allgemeinen Wirtschaftspolitik und Wirtschaftslenkung, Wien 1948.

Weisser, G., Politik als System aus normativen Urteilen, Göttingen 1951.

Eucken, W., Grundsätze der Wirtschaftspolitik, Bern-Tübingen 1952, 2. Aufl., Tübingen und Zürich 1955.

Scitovski, T., Welfare and Competition. The Economics of a fully employed Economy, London 1952, 2. Aufl. 1958.

Simon, H. A., Causel ordering and identifiability. In: Studies in Econometric Method, New York-London 1953.

Weisser, G., Die Überwindung des Ökonomismus. In: Grundsatzfragen der Wirtschaftsordnung, Berlin 1954.

Seraphim, H. J., Theorie der allgemeinen Volkswirtschaftspolitik, Göttingen 1955. 2., verbesserte und erweiterte Auflage, Göttingen 1963.

Tinbergen, J., Economic Policy: Principles and Design, Amsterdam 1956.

Jöhr, W. A. u. Singer, H. W., Die Nationalökonomie im Dienste der Wirtschaftspolitik, Göttingen 1957. 2., erweiterte Auflage, Göttingen 1964.

Welter, E., Ziele der Wirtschaftspolitik. In: Wirtschaftsfragen der freien Welt, Frankfurt a. M. o. J. (1957), S. 22 ff.

Albert, H., Das Ende der Wohlfahrtsökonomik. Die Überwindung des Ökonomismus durch logische Analyse der ökonomischen Sprache. In: Gewerkschaftl. Monatshefte, 9. Jahrg. (1958), Heft 1, S. 33 ff.

Jöhr, W. A., Der Kompromiß als Problem der Gesellschafts-, Wirtschafts- und Staatsethik, Tübingen 1958.

Schiller, K., Neuere Entwicklungen in der Theorie der Wirtschaftspolitik, Tübingen 1958.

Tuchtfeldt, E., Zur Theorie der Wirtschaftspolitik. Entwicklungstendenzen und Probleme. In: Jahrb. f. Sozialwiss., Bd. 4/10 (1959), Heft 2, S. 168 ff.

Giersch, H., Allgemeine Wirtschaftspolitik. Bd. I: Grundlagen, Wiesbaden 1960.

Schachtschabel, H. G., Der Wandel des Gerechtigkeitsbegriffes In: Schr. d. V. f. Sp., N.F. Bd. 18, Berlin 1960, S. 59 ff.

Suranyi-Unger, Th., Die philosophischen Grundlagen wirtschaftspolitischer Zielsetzungen. In: Schr. d. V. f. Sp., N.F. Bd. 18, Berlin 1960, S. 95 ff.

Weippert, G., Zur Problematik der Zielbestimmung in wirtschaftspolitischen Konzeptionen. In: Schr. d. V. f. Sp., N.F. Bd. 18, Berlin 1960, S. 175 ff.

Willeke, E., Zur Problematik der Zielbestimmung in wirtschaftspolitischen Konzeptionen. In: Schr. d. V. f. Sp., N.F. Bd. 18, Berlin 1960, S. 115 ff.

Zu Kapitel 6:

Mises, L. v., Interventionismus. In: Archiv für Sozialwissenschaft und Sozialpolitik, Bd. 56 (1926).

Preiser, E., Wesen und Methoden der Wirtschaftslenkung. In: Finanzarchiv, N.F. Bd. 8 (1941), S. 225 ff.

Pütz, Th., Theorie der Allgemeinen Wirtschaftspolitik und Wirtschaftslenkung, Wien 1948.

Stackelberg, H. v., Möglichkeiten und Grenzen der Wirtschaftslenkung. In: Ordo, Bd. 2 (1949).

Vierkandt, A., Gesellschaftslehre (1928), 2. Aufl., Stuttgart 1949.

Eucken, W., Grundsätze der Wirtschaftspolitik, Bern-Tübingen 1952, 2. Aufl., Tübingen und Zürich 1955.

Tinbergen, J., On the Theory of Economic Policy, Amsterdam 1952.

Hensel, P., Einführung in die Theorie der Zentralverwaltungswirtschaft, Stuttgart 1954.

Hansen, B., The Economic Theory of Fiscal Policy, London 1958. (Orig.: Finanzpolitikans ekonomiska teori, Stockholm 1955).

Küng, E., Interventionismus. In: Handwörterbuch der Sozialwissenschaften, 9. Lieferung, Stuttgart-Tübingen-Göttingen 1955, S. 325 ff.

Seraphim, H. J., Theorie der allgemeinen Volkswirtschaftspolitik, Göttingen 1955. 2., verbesserte und erweiterte Auflage, Göttingen 1963.

Jöhr, W. A. u. Singer, H. W., Die Nationalökonomie im Dienste der Wirtschaftspolitik, Göttingen 1957. 2., erweiterte Auflage, Göttingen 1964.

Schmölders, G., Ökonomische Verhaltensforschung, Köln u. Opladen 1957.

Tuchtfeldt, E., Das Instrumentarium der Wirtschaftspolitik. Ein Beitrag zu seiner Systematik. In: Hambg. Jahrb. für Wirtschafts- und Gesellschaftspolitik, 2. Jahr, Tübingen 1957, S. 52—64.

Weisser G., Appell und Aufklärung als Mittel der Wirtschaftslenkung und der Politik überhaupt. In: Wirtschaftsfragen der freien Welt, Frankfurt a.M. o. J. (1957), S. 271 ff.

Zu Kapitel 7:

Mises, L. v., Liberalismus, Jena 1927.

Röpke, W., Staatsinterventionismus. In: Erg.-Bd. d. Handw. d. Staatswiss., 4. Aufl., Jena 1929, S. 186 ff.

Ritschl, H., Gemeinwirtschaft und kapitalistische Marktwirtschaft. Zur Erkenntnis der dualistischen Wirtschaftsordnung, Tübingen 1931.

Rüstow, A., Diskussionsbeitrag auf der Tagung des Vereins für Socialpolitik in Dresden 1932. In: Schriften des Vereins für Socialpolitik, Bd. 187 (1933), S. 62 ff.

Neumark, F., Neue Ideologien der Wirtschaftspolitik, Leipzig-Wien 1936.

Röpke, W., Die Lehre von der Wirtschaft, Wien-Berlin 1937, 6. Aufl., Erlenbach-Zürich 1951.

Eulenburg, F., Allgemeine Volkswirtschaftspolitik, Zürich-Leipzig 1938.

Eucken, W., Grundlagen der Nationalökonomie, Jena 1940, 7. Aufl., Berlin, Göttingen und Heidelberg 1959.
Preiser, E., Wesen und Methoden der Wirtschaftslenkung. In: Finanzarchiv, N.F. Bd. 8 (1941), S. 225 ff.
Hayek, F. A., The Road to Serfdom, London und Chicago 1944, (deutsch: Der Weg zur Knechtschaft, Zürich 1946, 3. Aufl. 1952).
Jöhr, W. A., Das Modell der vollkommenen Konkurrenz. Seine Funktion und seine Stellung in der Nationalökonomie. In: Konkurrenz u. Planwirtschaft, Bern 1946.
Pütz, Th., Theorie der Allgemeinen Wirtschaftspolitik und Wirtschaftslenkung, Wien 1948.
Jöhr, W. A., Das Problem der Wirtschaftsordnung. In: Individuum u. Gemeinschaft. Festschrift zur Fünfzigjahrfeier der Handels-Hochschule St. Gallen, St. Gallen 1949.
Meade, J. E., Planung und Preismechanismus, Bern und Tübingen 1951.
Eucken, W., Grundsätze der Wirtschaftspolitik, Bern-Tübingen 1952, 2. Aufl., Tübingen u. Zürich 1955.
Röper, B., Die Konkurrenz und ihre Fehlentwicklungen, Berlin 1952.
Schiller, K., Aufgaben und Versuche zur neuen Ordnung von Gesellschaft und Wirtschaft, Hamburg 1953.
Ritschl, H., Die Grundlagen der Wirtschaftsordnung. Gesammelte Aufsätze zur Lehre von der Wirtschaftsordnung, Tübingen 1954.
Seraphim, H. J., Theorie der allgemeinen Volkswirtschaftspolitik, Göttingen 1955. 2., verbesserte und erweiterte Auflage, Göttingen 1963.
Thalheim, K. C., Zum Problem der Einheitlichkeit der Wirtschaftspolitik. In: Festgabe für Georg Jahn, hrsg. von Muhs, K., Berlin 1955, S. 578 ff.
Frei, P. (Hrsg.), Wirtschaftssysteme des Westens, Basel-Tübingen 1957-1959.
Maier, K. F., Transformation der Wirtschaftsordnung. In: Wirtschaftsfragen der freien Welt, Frankfurt a.M. o. J. (1957), S. 151 ff.
Morgenstern, O., Der theoretische Unterbau der Wirtschaftspolitik, Köln-Opladen 1957.
Pütz, Th., Die wirtschaftspolitische Konzeption. In: Wirtschaftsfragen der fieien Welt. Hrsg. von Beckerath, E. v., Meyer, F. W. u. Müller-Armack, A., Frankfurt a.M. o. J. (1957), S. 42 ff.
Giersch, H., Allgemeine Wirtschaftspolitik. Bd. I: Grundlagen, Wiesbaden 1960.
Tuchtfeldt, E., Zur Frage der Systemkonformität wirtschaftspolitischer Maßnahmen. In: Schr. d. V. f. Sp., N.F. Bd. 18, Berlin 1960, S. 203 ff.

Zu Kapitel 8:

Sombart, W., Die Ordnung des Wirtschaftslebens, 2. Aufl., Berlin 1927.
Helander, S., Die innere Geschlossenheit des wirtschaftspolitischen Systems. In: Economic Essays in Honour of Gustav Cassel, London 1933.
Schumpeter, G., Capitalism, Socialism and Democracy, New York 1942 (deutsch: Kapitalismus, Sozialismus und Demokratie, Bern 1946).
Müler-Armack, A., Wirtschaftslenkung und Marktwirtschaft, Hamburg 1948.
Müller-Armack, A., Stil und Ordnung der sozialen Marktwirtschaft. In: Lagler—Messner, Wirtschaftliche Entwicklung und Soziale Ordnung, Wien 1952.

Dürr, E. W., Wesen und Ziele des Ordoliberalismus, Winterthur 1954.
Suranyi-Unger, Th., Comparative Economic Systems, New York 1952 (chin. Übers. Hong Kong 1958).
Ortlieb, H. D., (Hrsg.), Wirtschaftsordnung und Wirtschaftspolitik ohne Dogma, Hamburg 1954.
Müller-Armack, A., Soziale Marktwirtschaft. In: Handwörterbuch der Sozialwissenschaften, 6. Lieferg. S. 390—392, Tübingen 1954.
Preiser, E., Die Zukunft unserer Wirtschaftsordnung, Probleme und Möglichkeiten, 2. Aufl., Göttingen 1955.
Schiller, K., Sozialismus und Wettbewerb, Hamburg 1955.
Seraphim, H. J., Kritische Bemerkungen zur Begriffs- und Wesensbestimmung der sozialen Marktwirtschaft. In: Wirtschaftsfragen der freien Welt, Frankfurt a.M. o. J. (1957).
Molitor, B., Soziale Marktwirtschaft. In: Hambg. Jahrb. f. Wirtsch.- u. Gesellschaftspolitik, 3. Jahr (1958), S. 57 ff.
Giersch, H., Allgemeine Wirtschaftspolitik. Bd. I: Grundlagen, Wiesbaden 1960.
Halm, G. N., Wirtschaftssysteme. Eine vergleichende Darstellung, Berlin 1960.
Neuhauser, G., Die wirtschaftspolitische Konzeption als Problem der theoretischen Wirtschaftspolitik. In: Schr. d. V. f. Sp., N.F. Bd. 18, Berlin 1960, S. 23 ff.
Pütz, Th., Die wirtschaftspolitische Konzeption. In: Schr. d. V. f. Sp., N.F. Bd. 18, Berlin 1960, S. 9 ff.

Namenverzeichnis

Hervorhebung der Zitationen im Textteil durch Kursivdruck der Seitenzahlen.

Sachverzeichnis

Sammlung Göschen

Gesamtverzeichnis

Jeder Band DM 3,60 · Doppelband DM 5,80
Dreifachband DM 7,80

Herbst 1967

Walter de Gruyter & Co · Berlin 30

Die Bände der **Sammlung Göschen** vermitteln in konzentrierter Form den grundlegenden Stoff für das Studium der einzelnen wissenschaftlichen Disziplinen. Sie sind nicht nur Hilfsmittel für die Arbeit an Universitäten und Hochschulen, sondern auch vorzüglich geeignet für Fachschulen, Arbeitskreise und zum Selbststudium. Die Fülle des Materials hat sich besonders für die Vorbereitung zu Examina und Prüfungen bewährt. Auch eine schnelle Orientierung geht hier niemals auf Kosten der Gründlichkeit.

Inhaltsübersicht

Geisteswissenschaften

Philosophie

Einführung in die Philosophie von H. Leisegang †. 6. Aufl. 146 S. 1966. (281)

Hauptprobleme der Philosophie von G. Simmel †. 8., unveränd. Aufl. 177 S. 1964. (500)

Geschichte der Philosophie
I: Die griechische Philosophie von W. Capelle. 1. Tl. Von Thales bis Leukippos. 3., erw. Aufl. Etwa 135 S. In Vorb. (857)
II: Die griechische Philosophie von W. Capelle. 2. Tl. Von der Sophistik bis zum Tode Platons. 3., stark erw. Aufl. Etwa 144 S. In Vorb. (858)
III: Die griechische Philosophie von W. Capelle. 3. Tl. Vom Tode Platons bis zur Alten Stoa. 2., stark erw. Aufl. 132 S. 1954. (859)
IV: Die griechische Philosophie von W. Capelle. 4. Tl. Von der Alten Stoa bis zum Eklektizismus im 1. Jh. v. Chr. 2., stark erw. Aufl. 132 S. 1954. (863)
V: Die Philosophie des Mittelalters von J. Koch. In Vorb. (826)
VI: Von der Renaissance bis Kant von K. Schilling. 234 S. 1954. (394/394a)
VII: Immanuel Kant von F. Kaulbach. In Vorb. (536)
VIII: Die Philosophie des 19. Jahrhunderts von G. Lehmann. 1. Tl. 151 S. 1953. (571)
IX: Die Philosophie des 19. Jahrhunderts von G. Lehmann. 2. Tl. 168 S. 1953. (709)
X: Die Philosophie im ersten Drittel des 20. Jahrhunderts 1. Tl. von G. Lehmann. 128 S. 1957 (845)
XI: Die Philosophie im ersten Drittel des 20. Jahrhunderts 2. Tl. von G. Lehmann. 114 S. 1960. (850)

Die geistige Situation der Zeit (1931) von K. Jaspers. 6. Abdr. der im Sommer 1932 bearb. 5. Aufl. 211 S. 1965. (1000)

Formale Logik von P. Lorenzen. 3., durchges. u. erw. Aufl. 184 S. 1967. (1176/1176a)

Philosophisches Wörterbuch von M. Apel †. 5., völl. neu bearb. Aufl. von P. Ludz. 315 S. 1958. (1031/1031a)

Philosophische Anthropologie. Menschliche Selbstdeutung in Geschichte und Gegenwart von M. Landmann. 2., durchges. Aufl. 223 S. 1964. (156/156a)

Pädagogik, Psychologie, Soziologie

Geschichte der Pädagogik von Herm. Weimer. 17., neubearb. Aufl. von Heinz Weimer 205 S. 1967. (145/145 a)

Therapeutische Psychologie. Ihr Weg durch die Psychoanalyse von W. M. Kranefeldt M. e. Einf. von C. G. Jung. 3. Aufl. 152 S. 1956. (1034)

Allgemeine Psychologie von Th Erismann†. 4 Bde.

I: Grundprobleme. 3. Aufl. 146 S. 1965. (831)

II: Grundarten des psychischen Geschehens. 2., neubearb. Aufl. 248 S. 1959. (832/832 a)

III: Experimentelle Psychologie und ihre Grundlagen. 1. Tl. 2., neubearb. Aufl. 112 S., 7 Abb. 1962. (833)

IV: Experimentelle Psychologie und ihre Grundlagen. 2. Tl. 2., neubearb. Aufl. 199 S. 20 Abb. 1962. (834/834 a)

Soziologie. Geschichte und Hauptprobleme von L. von Wiese. 8. Aufl. 183 S. 1967. (101/101 a)

Ideengeschichte der sozialen Bewegung des 19. und 20. Jh. von W. Hofmann. 2. Aufl. In Vorb (1205/1205 a)

Sozialpsychologie von P.R. Hofstätter. 3. Aufl. 191 S., 18 Abb. 1967. (104/104a)

Psychologie des Berufs- und Wirtschaftslebens von W. Moede†. 190 S. 48 Abb. 1958. (851/851 a)

Industrie- und Betriebssoziologie von R. Dahrendorf. 4. Aufl. 142 S., 3 Fig. 1967 (103)

Wirtschaftssoziologie von F. Fürstenberg. 122 S. 1961. (1193)

Einführung in die Sozialethik von H.-D. Wendland. 144 S. 1963. (1203)

Religion

Jesus von M. Dibelius†. 4. Aufl. m. e. Nachtr. von W. G. Kümmel. 140 S. 1966. (1130)

Paulus von M. Dibelius†. Nach dem Tode des Verf. hrsg. u. zu Ende gef. von W. G. Kümmel. 3., durchges. Aufl. 156 S. 1964. (1160)

Luther von F. Lau. 2., verb. Aufl. 153 S. 1966. (1187)

Melanchthon von R. Stupperich. 139 S. 1960. (1190)

Zwingli von F. Schmidt-Clausing. 119 S. 1965. (1219)

Schleiermacher. Leben und Werk von M. Redeker. In Vorb. (1177/1177 a)

Sören Kierkegaard. Leben u. Werk von H. Gerdes. 134 S. 1966. (1221)

Einführung in die Konfessionskunde der orthodoxen Kirchen von K. Onasch. 291 S. 1962. (1197/1197 a)

Geschichte des christlichen Gottesdienstes von W. Nagel. 215 S. 1962. (1202/1202 a)

Geschichte Israels. Von den Anfängen bis zur Zerstörung des Tempels (70 n. Chr.) von E. L. Ehrlich. 2. Aufl. In Vorb. (231/231 a)

Römische Religionsgeschichte von F. Altheim. 2 Bde. 2., umgearb. Aufl.
I: Grundlagen und Grundbegriffe. 116 S. 1956. (1035)
II: Der geschichtliche Ablauf. 164 S. 1956. (1052)

Die Religion des Buddhismus von D. Schlingloff. 2 Bde.
I: Der Heilsweg des Mönchstums. 122 S., 11 Abb., 1 Kte. 1962. (174)
II: Der Heilsweg für die Welt. 129 S., 9 Abb., 1 Kte. 1963. (770)

Musik

Musikästhetik von H. J. Moser. 180 S. M. zahlr. Notenbeisp. 1953. (344)

Systematische Modulation von R. Hernried. 2. Aufl. 136 S. M. zahlr. Notenbeisp. 1950. (1094)

Der polyphone Satz von E. Pepping. 2 Bde.
I: Der cantus-firmus-Satz. 2. Aufl. 233 S. Mit zahlr. Notenbeisp. 1950. (1148)
II: Übungen im doppelten Kontrapunkt und im Kanon. 137 S. M. zahlr. Notenbeisp. 1957. (1164/1164 a)

Allgemeine Musiklehre von H. J. Moser. 2., durchges. Aufl. 155 S. M. zahlr. Notenbeisp. 1955. (220/220 a)

Harmonielehre von H. J. Moser. 2 Bde.
I: 109 S. M. 120 Notenbeisp. 1954. (809)
II: In Vorb. (810)

Die Musik des 19. Jahrhunderts von W. Oehlmann. 180 S. 1953. (170)

Die Musik des 20. Jahrhunderts von W. Oehlmann. 312 S. 1961. (171/171 a)

Technik der deutschen Gesangskunst von H. J. Moser. 3., durchges. u. verb. Aufl. 144 S., 5 Fig., sowie Tab. u. Notenbeisp. 1954. (576/576 a)

Die Kunst des Dirigierens von H. W. von Waltershausen†. 2., verm. Aufl. 138 S. M. 19 Notenbeisp. 1954. (1147)

Die Technik des Klavierspiels aus dem Geiste des musikalischen Kunstwerkes von K. Schubert†. 3. Aufl. 110 S. M. Notenbeisp. 1954. (1045)

Kunst

Stilkunde von H. Weigert. 2 Bde.
I: Vorzeit, Antike, Mittelalter. 4. Aufl. Etwa 136 S., 94 Abb. In Vorb. (80)
II: Spätmittelalter und Neuzeit. 3., durchges. u. erg. Aufl. 150 S., 88 Abb. 1958. (781)

Archäologie von A. Rumpf. 3 Bde.
I: Einleitung, historischer Überblick. 143 S., 6 Abb., 12 Taf. 1953. (538)
II: Die Archäologensprache. Die antiken Reproduktionen. 136 S., 7 Abb., 12 Taf. 1956. (539)
III: In Vorb. (540)

GEISTESWISSENSCHAFTEN

Geschichte

Einführung in die Geschichtswissenschaft von P. Kirn. 5., bearb. u. erg. Aufl. von J. Leuschner. 127 S. 1968. (270/270a)

Einführung in die Zeitgeschichte von B. Scheurig. 101 S. 1962. (1204)

Zeitrechnung der römischen Kaiserzeit, des Mittelalters und der Neuzeit für die Jahre 1—2000 n. Chr. von H. Lietzmann†. 3. Aufl., durchges. von K. Aland. 130 S. 1956. (1085)

Kultur der Urzeit von F. Behn. 3 Bde. 4. Aufl. der Kultur der Urzeit Bd. 1—3 von M. Hoernes.

I: Die vormetallischen Kulturen. (Die Steinzeiten Europas. Gleichartige Kulturen in anderen Erdteilen.) 172 S., 48 Abb. 1950. (564)

II: Die älteren Metallkulturen. (Der Beginn der Metallbenutzung, Kupfer- und Bronzezeit in Europa, im Orient und in Amerika.) 160 S., 67 Abb. 1950. (565)

III: Die jüngeren Metallkulturen. (Das Eisen als Kulturmetall, Hallstatt-Latène-Kultur in Europa. Das erste Auftreten des Eisens in den anderen Weltteilen.) 149 S. 60 Abb. 1950. (566)

Vorgeschichte Europas von F. Behn. Neuaufl. In Vorb. (42)

Der Eintritt der Germanen in die Geschichte von J. Haller†. 3. Aufl., durchges. von H. Dannenbauer. 120 S. 6 Kartensk. 1957. (1117)

Von den Karolingern zu den Staufern. Die altdeutsche Kaiserzeit (900—1250) von I Haller†. 5., durchges. Aufl. von H. Dannenbauer. 142 S., 4 Ktn. 1968. In Vorb. (1065)

Von den Staufern zu den Habsburgern. Auflösung des Reichs und Emporkommen der Landesstaaten (1250—1519) von J. Haller†. 2., durchges. Aufl. von H. Dannenbauer 118 S., 6 Kartensk. 1960. (1077)

Deutsche Geschichte im Zeitalter der Reformation, der Gegenreformation und des dreißigjährigen Krieges von F. Hartung. 2., durchges. Aufl. 128 S. 1963. (1105)

Deutsche Geschichte von 1648—1740. Politischer und geistiger Wiederaufbau von W. Treue. 120 S. 1956 (35)

Deutsche Geschichte von 1713—1806. Von der Schaffung des europäischen Gleichgewichts bis zu Napoleons Herrschaft von W. Treue. 168 S. 1957. (39)

Deutsche Geschichte von 1806—1890. Vom Ende des alten bis zur Höhe des neuen Reiches von W. Treue. 128 S 1961. (893)

Deutsche Geschichte von 1890 bis zur Gegenwart von W. Treue. In Vorb. (894)

Quellenkunde der Deutschen Geschichte im Mittelalter (bis zur Mitte des 15. Jahrhunderts) von K. Jacob† 3 Bde.

I: Einleitung Allgemeiner Teil. Die Zeit der Karolinger. 6. Aufl., bearb. von H. Hohenleutner. 127 S. 1959. (279)

II: Die Kaiserzeit (911—1250). 5. Aufl., neubearb. von H. Hohenleutner. 141 S. 1961. (280)

III: Das Spätmittelalter (vom Interregnum bis 1500). Hrsg. von F. Weden. 152 S. 1952. (284)

Geschichte Englands von H. Preller. 2 Bde.
I: bis 1815. 4., erw. Aufl. Etwa 135 S., 7 Stammtaf., 2 Ktn. 1967. (375/375a)
II: Von 1815 bis 1910. 2., völl. umgearb. Aufl. 118 S., 1 Stammtaf., 7 Ktn. 1954. (1088)

Römische Geschichte von F. Altheim. 4 Bde. 2., verb. Aufl.
I: Bis zur Schlacht bei Pydna (168 v. Chr.). 124 S. 1956. (19)
II: Bis zur Schlacht bei Actium (31 v. Chr.). 129 S. 1956. (677)
III: Bis zur Schlacht an der Milvischen Brücke (312 n. Chr.). 148 S. 1958. (679)
IV: Bis zur Schlacht am Yarmuk (636 n. Chr.). In Vorb. (684)

Geschichte der Vereinigten Staaten von Amerika von O. Graf zu Stolberg-Wernigerode. 192 S., 10 Ktn. 1956. (1051/1051a)

Deutsche Sprache und Literatur

Geschichte der deutschen Sprache von H. Sperber. 5., neubearb. Aufl. von P. von Polenz. 136 S. 1966. (915)

Deutsches Rechtschreibungswörterbuch von M. Gottschaldt†. 2., verb. Aufl. 269 S. 1953. (200/200a)

Deutsche Wortkunde. Kulturgeschichte des deutschen Wortschatzes von A. Schirmer. 5. Aufl. von W. Mitzka. 125 S. 1965. (929)

Deutsche Sprachlehre von W. Hofstaetter. 10. Aufl. Völl. Umarb. der 8. Aufl. 150 S. 1960. (20)

Stimmkunde für Beruf, Kunst und Heilzwecke von H. Biehle. 111 S. 1955. (60)

Redetechnik. Einführung in die Rhetorik von H. Biehle. 2., erw. Aufl. 151 S. 1961. (61)

Grundlagen der Sprecherziehung von J. Jesch. 93 S., 8 Abb. 1967. (1122)

Deutsches Dichten und Denken von der germanischen bis zur staufischen Zeit von H. Naumann†. (Deutsche Literaturgeschichte vom 5.—13. Jahrhundert.) 3., verb. Aufl. In Vorb. (1121)

Deutsches Dichten und Denken vom Mittelalter zur Neuzeit von G. Müller (1270 bis 1700). 3., durchges. Aufl. In Vorb. (1086)

Deutsches Dichten und Denken von der Aufklärung bis zum Realismus (Deutsche Literaturgeschichte von 1700—1890) von K. Viëtor†. 3., durchges. Aufl. 159 S. 1958. (1096)

Deutsche Heldensage von H. Schneider. 2. Aufl., bearb. von R. Wisniewski. 148 S. 1964. (32)

Der Nibelunge Nôt in Auswahl. Mit kurzem Wörterbuch hrsg. von K. Langosch. 11., durchges. Aufl. 166 S. 1966. (1)

Kudrun und Dietrich-Epen in Auswahl mit Wörterbuch von O. L. Jiriczek. 6. Aufl., bearb. von R. Wisniewski. 173 S. 1957. (10)

Wolfram von Eschenbach, Parzifal. Eine Auswahl mit Anmerkungen und Wörterbuch von H. Jantzen. 3. Aufl., bearb. von H. Kolb. 128 S. 1966. (921)

Hartmann von Aue. Der arme Heinrich nebst einer Auswahl aus der „Klage" dem „Gregorius" und den Liedern (mit einem Wörterverzeichnis) hrsg. von F. Maurer. 2. Aufl. 96 S. 1968. Im Druck. (18)

Gottfried von Straßburg. Tristan und Isolde in Auswahl hrsg. von F. Maurer. 2. Aufl. 142 S. 1965. (22)

Die deutschen Personennamen von M. Gottschald†. 2., verb. Aufl. 151 S. 1955. (422)

Althochdeutsches Elementarbuch. Grammatik und Texte von H. Naumann† u. W. Betz. 4., verb. u. verm. Aufl. 183 S. 1967. (1111/1111 a)

Mittelhochdeutsche Grammatik von H. de Boor u. R. Wisniewski. 5., durchges. Aufl. 150 S. 1967. (1108)

Indogermanisch, Germanisch

Indogermanische Sprachwissenschaft von H. Krahe. 2 Bde.
I: Einleitung und Lautlehre. 5. Aufl. 110 S. 1966. (59)
II: Formenlehre. 4., neubearb. Aufl. 100 S. 1963. (64)

Sanskrit-Grammatik mit sprachvergleichenden Erläuterungen von M. Mayrhofer. 2., völl. neu bearb. Aufl. 110 S. 1965. (1158/1158 a)

Altirische Grammatik von J. Pokorny. 2. Aufl. 1968. (896/896 a)

Gotisches Elementarbuch. Grammatik. Texte mit Übersetzung und Erläuterungen von H. Hempel. 4., neubearb. Aufl. 169 S. 1966. (79/79 a)

Altnordisches Elementarbuch. Einführung, Grammatik, Texte (zum Teil mit Übersetzung) und Wörterbuch von F. Ranke. 3., völl. umgearb. Aufl. von D. Hofmann. 205 S. 1967. (1115/1115 a/1115 b)

Germanische Sprachwissenschaft von H. Krahe. 3 Bde.
I: Einleitung und Lautlehre. 6. Aufl. 147 S. 1966. (238)
II: Formenlehre. 6. Aufl. 149 S. 1967. (780)
III: Wortbildungslehre von W. Meid. 270 S. 1967. (1218/1218 a/1218 b)

Englisch, Romanisch

Altenglisches Elementarbuch. Einführung, Grammatik, Texte mit Übersetzung und Wörterbuch von M. Lehnert. 6., verb. Aufl. 178 S. 1965. (1125)

Mittelenglisches Elementarbuch von H. Weinstock. 1967. In Vorb. (1226/1226 a/1226 b)

Historische neuenglische Laut- und Formenlehre von E. Ekwall. 4., verb. Aufl. 150 S. 1965. (735)

Englische Phonetik von H. Mutschmann†. 2. Aufl., bearb. von G. Scherer. 127 S. 1963. (601)

Englische Literaturgeschichte von F. Schubel. 4 Bde.
I: Die alt- und mittelenglische Periode. 2., neubearb. Aufl. 189 S. 1967. (1114/1114a)
II: Von der Renaissance bis zur Aufklärung. 160 S. 1956. (1116)
III: Romantik und Viktorianismus. 160 S. 1960. (1124)

Beowulf. Eine Auswahl mit Einführung, teilweiser Übersetzung, Anmerkungen und etymologischem Wörterbuch von M. Lehnert. 4., verb. Aufl. 135 S. 1967. (1135)

Shakespeare von P. Meißner†. 2. Aufl., neubearb. von M. Lehnert. 136 S. 1954. (1142)

Romanische Sprachwissenschaft von H. Lausberg. 4 Bde.
I: Einleitung und Vokalismus. 2., durchges. Aufl. 211 S. 1963. (128/128a)
II: Konsonantismus. 2., durchges. Aufl. 95 S. 1967. (250)
III: Formenlehre. 1. Teil. 99 S. 1962. (1199)
III: Formenlehre. 2. Teil. S. 99—260. 1962. (1200/1200a)
IV: Wortlehre. In Vorb. (1208)

Griechisch, Lateinisch

Griechische Sprachwissenschaft von W. Brandenstein. 3 Bde.
I: Einleitung, Lautsystem, Etymologie. 160 S. 1954. (117)
II: Wortbildung und Formenlehre. 192 S. 1959. (118/118a)
III: Syntax I. Einleitung. Die Flexibilien. 145 S. 1966. (924/924a)

Geschichte der griechischen Sprache. 2 Bde.
I: Bis zum Ausgang der klassischen Zeit von O. Hoffmann und A. Debrunner. 4., neubearb. Aufl. von A. Scherer. 1968. (111/111a)
II: Grundfragen und Grundzüge des nachklassischen Griechisch von A. Debrunner. 2. Aufl., bearb. von A. Scherer. 1968. (114/114a)

Geschichte der griechischen Literatur von W. Nestle. 2 Bde. 3. Aufl., bearb. von W. Liebich.
I: 144 S. 1961. (70)
II: 149 S. 1963. (557)

Grammatik der neugriechischen Volkssprache von J. Kalitsunakis. 3., wes. erw. u. verb. Aufl. 196 S. 1963. (756/756a)

Neugriechisch-deutsches Gesprächsbuch von J. Kalitsunakis. 2. Aufl., bearb. von A. Steinmetz. 99 S. 1960. (587)

Geschichte der lateinischen Sprache von F. Stolz u. A. Debrunner†. 4., stark umgearb. Aufl. von W. P. Schmid. 145 S. 1966. (492/492a)

Geschichte der römischen Literatur von L. Bieler. 2., verb. Aufl. 2 Bde.
I: Die Literatur der Republik. 160 S. 1965. (52)
II: Die Literatur der Kaiserzeit. 133 S. 1965. (866)

Orientalistik, Slavistik

Die Keilschrift von B. Meissner. 3. Aufl., neubearb. von K. Oberhuber. Etwa 150 S. 1967. (708/708 a/708 b)

Die Hieroglyphen von A. Erman. 3. Aufl., neu bearb. von O. Krückmann. 1968. In Vorb. (608/608 a/608 b)

Hebräische Grammatik von R. Meyer. 3 Bde.
I: Einleitung, Schrift- und Lautlehre. 3., neubearb. Aufl. 120 S. 1966. (763/763 a/763 b)
II: Formenlehre und Flexionstabellen. 3. Aufl. In Vorb. (764/764 a/764 b)
III: Satzlehre. In Vorb. (765/765 a/765 b)

Hebräisches Textbuch zu G. Beer-R. Meyer, Hebräische Grammatik von R. Meyer. 170 S. 1960. (769/769 a)

Slavische Sprachwissenschaft von H. Bräuer. 2 Bde.
I: Einleitung, Lautlehre. 221 S. 1961 (1191/1191 a)
II: Formenlehre. 1. Tl. 1968. (1192/1192 a)

Vergleichende Geschichte der slavischen Literaturen von D. Tschižewskij. 2 Bde. In Vorb.
I: Einführung. Anfänge des slavischen Schrifttums bis zum Klassizismus. (1222/1222 a)
II: Romantik bis zur Moderne. (1223/1223 a)

Russische Grammatik von E. Berneker†. 6., verb. Aufl. von M. Vasmer†. 155 S. 1961. (66)

Polnische Grammatik von N. Damerau. 139 S. 1967. (942/942 a)

Erd- und Länderkunde, Kartographie

Afrika von F. Jaeger. Ein geographischer Überblick. 2 Bde. 3. Aufl.
I: Der Lebensraum. 179 S., 18 Abb. In Vorb. (910)
II: Mensch und Kultur. 155 S., 6 Abb. In Vorb. (911)

Australien und Ozeanien von H. J. Krug. 176 S., 46 Sk. 1953. (319)

Kartographie von V. Heissler. 2. Aufl. 213 S., 125 Abb., 8 Anl. 1966. (30/30 a)

Wirtschaft, Statistik, Publizistik

Allgemeine Betriebswirtschaftslehre von K. Mellerowicz. 4 Bde. 11. u. 12. durchges. Aufl.
I: 224 S. 1964. (1008/1008 a)
II: 188 S. 1966. (1153/1153 a)
III: 260 S. 1967. (1154/1154 a)
IV: 209 S. 1963. (1186/1186 a)

Allgemeine Volkswirtschaftslehre von A. Paulsen. 4 Bde.
I: Grundlegung, Wirtschaftskreislauf. 7. Aufl. 159 S., 11 Abb. 1966. (1169)
II: Haushalte, Unternehmungen, Marktformen. 7. Aufl. 172 S., 31 Abb. 1966. (1170)

III: Produktionsfaktoren. 5., neubearb. u. erg. Aufl. 228 S., 24 Abb. 1967. (1171/1171 a)
IV: Gesamtbeschäftigung, Konjunkturen, Wachstum. 4., neubearb. u. erg. Aufl. 188 S. 1966. (1172)

Übungsaufgaben mit Lösungen zu A. Paulsen, Allgemeine Volkswirtschaftslehre I/II von W. Wedig. 177 S. 1967. (1227/1227 a)

Geschichte der Volkswirtschaftslehre von S. Wendt. 2., neubearb. Aufl. Etwa 182 S. 1968. (1194/1194 a)

Allgemeine Volkswirtschaftspolitik von H. Ohm. 2 Bde.
I: Systematisch-Theoretische Grundlegung. 2., verb. u. erg. Aufl. 137 S., 6 Abb. 1965. (1195)
II: Der volkswirtschaftliche Gesamtorganismus als Objekt der Wirtschaftspolitik. 180 S. 1967. (1196/1196 a)

Finanzwissenschaft von H. Kolms. 4 Bde.
I: Grundlegung, Öffentliche Ausgaben. 3., verb. Aufl. 165 S. 1966. (148)
II: Erwerbseinkünfte, Gebühren und Beiträge, Allgemeine Steuerlehre. 3., verb. Aufl. 154 S. 1966. (391)
III: Besondere Steuerlehre. 2., verb. u. erg. Aufl. 205 S. 1967. (776/776 a)
IV: Öffentlicher Kredit. Öffentlicher Haushalt. Finanzausgleich. 191 S. 1964. (782/782 a)

Finanzmathematik von M. Nicolas. 2., verb. Aufl. 192 S., 11 Taf., 8 Tab. u. 72 Beisp. 1967. (1183/1183 a)

Programmierung von Datenverarbeitungsanlagen von H. J. Schneider u. D. Jurksch. 111 S., 8 Tab., 11 Abb. 1967. (1225/1225 a)

Lineare Programmierung von H. Langen. Etwa 200 S. (1206/1206 a)

Buchhaltung und Bilanz von E. Kosiol. 2., überarb. u. veränd. Aufl. 186 S. 1967. (1213/1213 a)

Industrie- und Betriebssoziologie von R. Dahrendorf. 4. Aufl. 142 S., 3 Fig. 1967. (103)

Wirtschaftssoziologie von F. Fürstenberg. 122 S. 1961. (1193)

Psychologie des Berufs- und Wirtschaftslebens von W. Moede†. 190 S. 48 Abb. 1958. (851/851 a)

Einführung in die Arbeitswissenschaft von H. H. Hilf. 169 S., 57 Abb. 1964. (1212/1212 a)

Allgemeine Methodenlehre der Statistik von J. Pfanzagl. 2 Bde.
I: Elementare Methoden unter besonderer Berücksichtigung der Anwendungen in den Wirtschafts- und Sozialwissenschaften. 4., verb. Aufl. 266 S., 51 Abb. 1967. (746/746 a)
II: Höhere Methoden unter besonderer Berücksichtigung der Anwendungen in Naturwissenschaften, Medizin und Technik. 3., verb. Aufl. 315 S., 41 Abb. 1968. (747/747 a)

Zeitungslehre von E. Dovifat. 2 Bde. 5., neubearb. Aufl.
I: Theoretische und rechtliche Grundlagen — Nachricht und Meinung —Sprache und Form. 162 S. 1967 (1039/1039 a)
II: Redaktion — Die Sparten: Verlag und Vertrieb, Wirtschaft und Technik — Sicherung der öffentlichen Aufgabe. 179 S. 1967. (1040/1040 a)

Naturwissenschaften

Mathematik

Geschichte der Mathematik von J. E. Hofmann. 4 Bde.
I: Von den Anfängen bis zum Auftreten von Fermat und Descartes. 2., verb. u. verm. Aufl. 251 S. 1963. (226/226a)
II: Von Fermat und Descartes bis zur Erfindung des Calculus und bis zum Ausbau der neuen Methoden. 109 S. 1957. (875)
III: Von den Auseinandersetzungen um den Calculus bis zur französischen Revolution. 107 S. 1957. (882)
IV: Geschichte der Mathematik der neuesten Zeit von N. Stuloff. In Vorb. (883)

Mathematische Formelsammlung von F. O. Ringleb. 8., verb. Aufl. 322 S., 40 Fig. 1967. (51/51a)

Vierstellige Tafeln und Gegentafeln für logarithmisches und trigonometrisches Rechnen in zwei Farben zusammengestellt von H. Schubert und R. Haussner. 3. neubearb. Aufl. von J. Erlebach. 158 S. 1960. (81)

Fünfstellige Logarithmen mit mehreren graphischen Rechentafeln und häufig vorkommenden Zahlenwerten von A. Adler. 4. Aufl., überarb. von J. Erlebach. 127 S., 1 Taf. 1962. (423)

Arithmetik von P. B. Fischer†. 3. Aufl. von H. Rohrbach. 152 S., 19 Abb. 1958. (47)

Höhere Algebra von H. Hasse. 2 Bde. 5., neubearb. Aufl.
I: Lineare Gleichungen. 150 S. 1963. (931)
II: Gleichungen höheren Grades. 158 S., 5 Fig. 1967. (932)

Aufgabensammlung zur höheren Algebra von H. Hasse u. W. Klobe. 3., verb. Aufl. 183 S. 1961. (1082)

Elementare und klassische Algebra vom modernen Standpunkt von W. Krull. 2 Bde.
I: 3., erw. Aufl. 148 S. 1963. (930)
II: 132 S. 1959. (933)

Algebraische Kurven und Flächen von W. Burau. 2 Bde.
I: Algebraische Kurven der Ebene. 153 S., 28 Abb. 1962. (435)
II: Algebraische Flächen 3. Grades und Raumkurven 3. und 4. Grades. 162 S., 17 Abb. 1962. (436/436a)

Einführung in die Zahlentheorie von A. Scholz†. Überarb. u. hrsg. von B. Schoeneberg. 4. Aufl. 128 S. 1966. (1131)

Formale Logik von P. Lorenzen. 3., durchges. u. erw. Aufl. 184 S. 1967. (1176/1176a)

Topologie von W. Franz. 2 Bde.
I: Allgemeine Topologie. 2., verb. Aufl. 144 S., 9 Fig. 1965. (1181)
II: Algebraische Topologie. 153 S. 1965. (1182/1182a)

Elemente der Funktionentheorie von K. Knopp†. 7. Aufl. 144 S., 23 Fig. 1966. (1109)

Funktionentheorie von K. Knopp†. 2 Bde. 11. Aufl.
I: Grundlagen der allgemeinen Theorie der analytischen Funktionen. 144 S., 8 Fig. 1965. (668)
II: Anwendungen und Weiterführung der allgemeinen Theorie. 130 S., 7 Fig. 1965. (703)

Aufgabensammlung zur Funktionentheorie von K. Knopp†. 2 Bde.
I: Aufgaben zur elementaren Funktionentheorie. 7. Aufl. 135 S. 1965. (877)
II: Aufgaben zur höheren Funktionentheorie. 6. Aufl. 151 S. 1964. (878)

Differential- und Integralrechnung von M. Barner. (Früher Witting). 4 Bde.
I: Grenzwertbegriff, Differentialrechnung. 2., durchges. Aufl. 176 S., 39 Fig. 1963. (86)

Gewöhnliche Differentialgleichungen von G. Hoheisel. 7., neubearb. u. erw. Aufl. 142 S. 1965. (920/920a)

Partielle Differentialgleichungen von G. Hoheisel. 5., durchges. Aufl. Etwa 128 S. In Vorb. (1003)

Aufgabensammlung zu den gewöhnlichen und partiellen Differentialgleichungen von G. Hoheisel. 4., neubearb. Aufl. 153 S. 1964. (1059/1059a)

Integralgleichungen von G. Hoheisel. 2., neubearb. u. erw. Aufl. 112 S. 1963. (1099)

Mengenlehre von E. Kamke. 5. Aufl. 194 S., 6 Fig. 1965. (999/999a)

Gruppentheorie von L. Baumgartner. 4., erw. Aufl. 190 S., 3 Taf. 1964. (837/837a)

Ebene und sphärische Trigonometrie von G. Hessenberg†. 5. Aufl. durchges. von H. Kneser. 172 S., 60 Fig. 1957. (99)

Darstellende Geometrie von W. Haack. 3 Bde.
I: Die wichtigsten Darstellungsmethoden. Grund- und Aufriß ebenflächiger Körper 6. Aufl. 113 S., 120 Abb. 1967. (142)
II: Körper mit krummen Begrenzungsflächen. Kotierte Projektionen. 5., durchges. Aufl. 129 S., 86 Abb. 1967. (143)
III: Axonometrie und Perspektive. 3. Aufl. 129 S., 100 Abb. 1965. (144)

Analytische Geometrie von K. P. Grotemeyer. 3., neubearb. Aufl. 218 S., 73 Abb. 1964. (65/65a)

Nichteuklidische Geometrie. Hyperbolische Geometrie der Ebene von R. Baldus†. 4. Aufl., bearb. u. erg. von F. Löbell. 158 S., 75 Fig. 1964. (970/970 a)

Differentialgeometrie von K. Strubecker. 3 Bde.
- I: Kurventheorie der Ebene und des Raumes. 2., erw. Aufl. 253 S., 45 Fig. 1964. (1113/1113a)
- II: Theorie der Flächenmetrik. 195 S., 14 Fig. 1958. (1179/1179a)
- III: Theorie der Flächenkrümmung. 254 S., 38 Fig. 1959. (1180/1180a)

Variationsrechnung von L. Koschmieder. 2 Bde. 2., neubearb. Aufl.
- I: Das freie und gebundene Extrem einfacher Grundintegrale. 128 S., 23 Fig. 1962. (1074)
- II: Anwendung klassischer Verfahren auf allgemeine Fragen des Extrems. — Neuere unmittelbare Verfahren. In Vorb. (1075)

Einführung in die konforme Abbildung von L. Bieberbach. 6., neubearb. Aufl. 184 S., 41 Zeichng. 1967. (768/768a)

Vektoren und Matrizen von S. Valentiner. 4. Aufl. (11., erw. Aufl der „Vektoranalysis"). Mit Anh.: Aufgaben zur Vektorrechnung von H. König. 206 S., 35 Fig. 1967. (354/354a)

Wahrscheinlichkeitstheorie und Grundzüge der Maßtheorie von H. Bauer. 2 Bde.
- I: 154 S. 1964. (1216/1216a)
- II: In Vorb. (1217)

Kinematik von H. R. Müller. 171 S., 75 Fig. 1963. (584/584a)

Versicherungsmathematik von F. Böhm. 2 Bde.
- I: Elemente der Versicherungsrechnung. 4. Aufl. In Vorb. (180)
- II: Lebensversicherungsmathematik. Einführung in die technischen Grundlagen der Sozialversicherung. 2., verb. u. verm. Aufl. 205 S. 1953. (917/917a)

Finanzmathematik von M. Nicolas, 2., verb. Aufl. 192 S., 11 Taf., 8 Tab. u. 72 Beisp. 1967. (1183/1183a)

Lineare Programmierung von H. Langen. Etwa 200 S. (1206/1206a)

Progammierung von Datenverarbeitungsanlagen von H. J. Schneider u. D. Jurksch. 111 S., 8 Tab., 11 Abb. 1967. (1225/1225a)

Physik

Einführung in die theoretische Physik von W. Döring. 5 Bde.
- I: Mechanik. 3., verb. Aufl. 125 S., 23 Abb. 1965. (76)
- II: Das elektromagnetische Feld. 3., umgearb. Aufl. Etwa 135 S., 15 Abb. 1968. (77/77a)
- III: Optik. 2., verb. Aufl. 117 S., 32 Abb. 1963. (78)
- IV: Thermodynamik. 2., verb. Aufl. 107 S., 9 Abb. 1964. (374)
- V: Statistische Mechanik. 2., umgearb. Aufl. 117 S., 10 Abb. 1966. (1017)

Mechanik deformierbarer Körper von M. Päsler. 199 S., 48 Abb. 1960. (1189/1189a)

Atomphysik von K. Bechert, Ch. Gerthsen† u. A. Flammersfeld. 4 Bde. 4., durchges. Aufl.
- I: Allgemeine Grundlagen. 1. Teil von A. Flammersfeld. Neuaufl. in Vorb. (1009)

II: Allgemeine Grundlagen. 2. Teil von A. Flammersfeld. Neuaufl. in Vorb. (1033)
III: Theorie des Atombaus. 1. Teil von K. Bechert. 148 S., 16 Abb. 1963. (1123/1123a)
IV: Theorie des Atombaus. 2. Teil von K. Bechert. 170 S., 14 Abb. 1963. (1165/1165a)

Differentialgleichungen der Physik von F. Sauter. 4., durchges. u. erg. Aufl. 147 S., 16 Fig. 1966. (1070)

Physikalische Formelsammlung von G. Mahler†. Fortgef. von K. Mahler. Neubearb. von E. Sohr. 12. Aufl. 167 S., 69 Fig. 1967. (136/136a)

Physikalische Aufgabensammlung mit Ergebnissen von G. Mahler†. Fortgef. von K. Mahler. Neubearb. von H. Graewe. 12. Aufl. 141 S. 1964. (243)

Chemie

Geschichte der Chemie in kurzgefaßter Darstellung von G. Lockemann. 2 Bde. 2. Aufl.
I: Vom Altertum bis zur Entdeckung des Sauerstoffs. 142 S., 4 Bildn. In Vorb. (264)
II: Von der Entdeckung des Sauerstoffs bis zur Gegenwart. 151 S., 16 Bildn. In Vorb. (265/265a)

Anorganische Chemie von W. Klemm. 14. Aufl. 255 S., 34 Abb. 1967. (37/37a)

Organische Chemie von W. Schlenk jun. 10., erw. Aufl. 273 S., 16 Abb. 1965. (38/38a)

Physikalische Methoden in der Organischen Chemie von G. Kresze. 2 Bde.
I: 119 S., 65 Abb. 1962. (44)
II: 164 S. 1962. (45/45a)

Allgemeine und physikalische Chemie von W. Schulze. 2 Bde.
I: 6., verb. Aufl. 139 S., 10 Fig. 1964. (71)
II: 6., erw. Aufl. Etwa 178 S. 49 Fig. 1968. (698/698a)

Molekülbau. Theoretische Grundlagen und Methoden der Strukturermittlung von W. Schulze. 123 S., 43 Fig. 1958. (786)

Einfache Versuche zur allgemeinen und physikalischen Chemie von E. Dehn. 371 Versuche m. 40 Abb. 272 S. 1962. (1201/1201a)

Physikalisch-chemische Rechenaufgaben von E. Asmus. 4., verb. Aufl. 96 S. 1967. (445)

Maßanalyse. Theorie und Praxis der klassischen und der elektrochemischen Titrierverfahren von G. Jander und K. F. Jahr. 11., durchges. Aufl., mitbearb. von H. Knoll. 359 S., 56 Fig. 1966. (221/221a)

Qualitative Analyse von H. Hofmann u. G. Jander. 3., durchges. u. verb. Aufl. 308 S., 5 Abb. 1967. (247/247a)

Stöchiometrische Aufgabensammlung von W. Bahrdt† u. R. Scheer. Mit den Ergebnissen. 9., durchges. Aufl. 119 S. 1967. (452/452a)

Elektrochemie von K. Vetter. 2 Bde.
I: In Vorb. (252)
II: In Vorb. (253)

Geochemie von K. H. Wedepohl. 221 S., 26 Abb., 37 Tab. 1967. (1224/1224a/1224b)

Kristallchemie von J. Zemann. 144 S., 90 Abb. 1966. (1220/1220a)

Technologie

Die Chemie der Kunststoffe von K. Hamann. 2., neu überarb. Aufl. unt. Mitarb. von W. Funke u. K. Nollen. 177 S. 1967. (1173/1173a)

Warenkunde von K. Hassak u. E. Beutel†. 2 Bde.
I: Anorganische Waren sowie Kohle und Erdöl. 8. Aufl. Neubearb. von A. Kutzelnigg. 119 S., 18 Fig. 1958. (222)
II: Organische Waren. 8. Aufl. Vollst. neu bearb. von A. Kutzelnigg. 157 S., 32 Fig. 1959. (223)

Die Fette und Öle von Th. Klug. 6., verb. Aufl. 143 S. 1961. (335)

Die Seifenfabrikation von K. Braun†. 3., neubearb. u. verb. Aufl. von Th. Klug 116 S., 18 Abb. 1953. (336)

Thermische Verfahrenstechnik von H. Bock. 3 Bde.
I: Eigenschaften und Verhalten der realen Stoffe. 184 S., 28 Abb. 1963. (1209/1209a)
II: Funktion und Berechnung der elementaren Geräte. 195 S., 54 Abb. 1964. (1210/1210a)
III: Fließbilder, ihre Funktion und ihr Zusammenbau aus Geräten. 224 S., 67 Abb. 1965. (1211/1211a)

Textilindustrie von A. Blümcke.
I: Spinnerei und Zwirnerei. 111 S., 43 Abb. 1954. (184)

Biologie

Einführung in die allgemeine Biologie und ihre philosophischen Grund- und Grenzfragen von M. Hartmann. 2., unveränd. Aufl. 132 S., 2 Abb. 1965. (96)

Hormone von G. Koller. 2., neubearb. u. erw. Aufl. 187 S., 60 Abb., 19 Tab. 1949. (1141)

Fortpflanzung im Tier- und Pflanzenreich von J. Hämmerling. 2., erg. Aufl. 135 S., 101 Abb. 1951. (1138)

Geschlecht und Geschlechtsbestimmung im Tier- und Pflanzenreich von M. Hartmann. 2., verb. Aufl. 116 S., 61 Abb., 7 Tab. 1951. (1127)

Symbiose der Tiere mit pflanzlichen Mikroorganismen von P. Buchner. 2., verb. u. verm. Aufl. 130 S., 121 Abb. 1949. (1128)

Grundriß der allgemeinen Mikrobiologie von W. u. A. Schwartz. 2 Bde. 2., verb. u. erg. Aufl.
I: 147 S., 25 Abb. 1960. (1155)
II: 142 S., 29 Abb. 1961. (1157)

Botanik

Entwicklungsgeschichte des Pflanzenreiches von H. Heil. 2. Aufl. 138 S., 94 Abb., 1 Tab. 1950. (1137)

Morphologie der Pflanzen von L. Geitler. 3., umgearb. Aufl. 126 S., 114 Abb. 1953. (141)

Pflanzengeographie von L. Diels†. 5., völl. neu bearb. Aufl. von F. Mattick. 195 S., 2 Ktn. 1958. (389/389a)

Die Laubhölzer. Kurzgefaßte Beschreibung der in Mitteleuropa gedeihenden Laubbäume und Sträucher von F. W. Negert und E. Münch†. 3., durchges. Aufl., hrsg. von B. Huber. 143 S., 63 Fig., 7 Tab. 1950. (718)

Die Nadelhölzer(Koniferen) und übrigen Gymnospermen von F. W. Neger† und E. Münch†. 4. Aufl., durchges. u. erg. von B. Huber. 140 S., 75 Fig., 4 Tab., 3 Ktn. 1952. (355)

Pflanzenzüchtung von H. Kuckuck. 2 Bde.
- I: Grundzüge der Pflanzenzüchtung. 3., völl. umgearb. u. erw. Aufl. 132 S., 22 Abb. 1952. (1134)
- II: Spezielle gartenbauliche Pflanzenzüchtung (Züchtung von Gemüse, Obst und Blumen). 2. Aufl. In Vorb. (1178/1178a)

Zoologie

Entwicklungsphysiologie der Tiere von F. Seidel. 2 Bde. 2. Aufl.
- I: Ei und Furchung. Etwa 160 S., 61 Abb. (1162)
- II: Körpergrundgestalt und Organbildung. In Vorb. (1163)

Vergleichende Physiologie der Tiere von K. Herter. 2 Bde. 4. Aufl. der „Tierphysiologie".
- I: Stoff- und Energiewechsel. Neu bearb. von K. Urich. 158 S., 61 Abb. 1966. (972/972a)
- II: Bewegung und Reizerscheinungen. Neu bearb. von G. Birukow. In Vorb. (973/973a)

Das Tierreich
- I: Einzeller, Protozoen von E. Reichenow. 115 S., 59 Abb. 1956. (444)
- II: Schwämme und Hohltiere von H. J. Hannemann. 95 S., 80 Abb. 1956. (442)
- III: Würmer. Platt-, Hohl-, Schnurwürmer, Kamptozoen, Ringelwürmer, Protracheaten, Bärtierchen, Zungenwürmer von S. Jaeckel. 114 S., 36 Abb. 1955. (439)
- IV, 1: Krebse von H. E. Gruner und K. Deckert. 114 S., 43 Abb. 1956. (443)
- IV, 2: Spinnentiere (Trilobitomorphen, Fühlerlose) und Tausendfüßler von A. Kaestner. 96 S., 55 Abb. 1955. (1161)
- IV, 3: Insekten von H. von Lengerken. 2., neubearb. Aufl. 140 S., 59 Abb. 1966. (594)
- V: Weichtiere. Urmollusken, Schnecken, Muscheln und Kopffüßer von S. Jaeckel. 92 S., 34 Fig. 1954. (440)

VI: Stachelhäuter. Tentakulaten, Binnenatmer und Pfeilwürmer von S. Jaeckel. 100 S., 46 Abb. 1955. (441)
VII, 1: Manteltiere, Schädellose, Rundmäuler von H. Fechter. In Vorb. (448)
VII, 2: Fische von D. Lüdemann. 130 S., 65 Abb. 1955. (356)
VII, 3: Lurche (Chordatiere) von K. Herter. 143 S., 129 Abb. 1955. (847)
VII, 4: Kriechtiere (Chordatiere) von K. Herter. 200 S., 142 Abb. 1960. (447/447 a)
VII, 5: Vögel (Chordatiere) von H.-A. Freye. 156 S., 69 Fig. 1960. (869)
VII, 6: Säugetiere (Chordatiere) von Th. Haltenorth. In Vorb. (282/282 a)

Land- und Forstwirtschaft

Landwirtschaftliche Tierzucht. Die Züchtung und Haltung der landwirtschaftlichen Nutztiere von H. Vogel. 139 S., 11 Abb. 1952. (228)

Kulturtechnische Bodenverbesserungen von O. Fauser. 2 Bde. 5., verb. u. verm. Aufl.
I: Allgemeines, Entwässerung. 127 S., 49 Abb. 1959. (691)
II: Bewässerung, Ödlandkultur, Flurbereinigung. 159 S., 71 Abb. 1961. (692)

Agrikulturchemie von K. Scharrer. 2 Bde.
I: Pflanzenernährung. 143 S. 1953. (329)
II: Futtermittelkunde. 192 S. 1956. (330/330 a)

Geologie, Mineralogie, Kristallographie

Geologie von F. Lotze. 3., verb. Aufl. 179 S., 80 Abb. 1965. (13/13 a)

Mineral- und Erzlagerstättenkunde von H. Huttenlocher†. 2 Bde. 2., neubearb. Aufl. von P. Ramdohr.
I: 137 S., 40 Abb., 2 Tab. 1965. (1014/1014 a)
II: 135 S., 41 Abb. 1965. (1015/1015 a)

Allgemeine Mineralogie. 12., erw. Aufl. der „Mineralogie" von R. Brauns† neubearb. von K. F. Chudoba. 152 S., 143 Textfig., 1 Taf., 3 Tab. 1968. (29/29 a)

Spezielle Mineralogie. 11., erw. Aufl. der „Mineralogie" von R. Brauns†, bearb. von K. F. Chudoba. 193 S., 127 Textfig., 6 Tab. 1964. (31/31 a)

Petrographie (Gesteinskunde) von W. Bruhns†. Neubearb. von P. Ramdohr. 6., erw. Aufl. 141 S., 21 Fig. 1966. (173)

Geochemie von K. H. Wedepohl. 221 S., 26 Abb., 37 Tab. 1967. (1224/1224 a/1224 b)

Kristallchemie von J. Zemann. 144 S., 90 Abb. 1966. (1220/1220 a)

Kristallographie von W. Bruhns†. 6. Aufl., neubearb. von P. Ramdohr. 115 S., 164 Abb. 1965. (210)

Einführung in die Kristalloptik von E. Buchwald. 5., verb. Aufl. 128 S., 117 Fig. 1963 (619/619 a)

Lötrohrprobierkunde. Mineraldiagnose mit Lötrohr und Tüpfelreaktion von M. Henglein. 4., durchges. u. erw. Aufl. 108 S., 12 Fig. 1962. (483)

Technik

Graphische Darstellung in Wissenschaft und Technik von M. Pirani. 3., erw. Aufl. bearb. von J. Fischer unt. Benutzg. der von I. Runge bes. 2. Aufl. 216 S., 104 Abb. 1957. (728/728a)

Technische Tabellen und Formeln von W. Müller. 5., verb. u. erw. Aufl. von E. Schulze. 165 S., 114 Abb., 99 Taf. 1962. (579)

Einführung in die Arbeitswissenschaft von H. H. Hilf. 164 S., 57 Abb. 1964. (1212/1212a)

Grundlagen der Straßenverkehrstechnik. Theorie der Leistungsfähigkeit von E. Engel. 101 S., 55 Abb. 1962. (1198)

Elektrotechnik

Grundlagen der allgemeinen Elektrotechnik von O. Mohr. 3. Aufl. 260 S., 136 Bild., 14 Taf. 1965. (196/196a)

Die Gleichstrommaschine von K. Humburg. 2 Bde. 3. Aufl.
I: Etwa 102 S., 59 Abb. In Vorb. (257)
II: Etwa 101 S., 38 Abb. In Vorb. (881)

Die Synchronmaschine von W. Putz. 92 S., 64 Bild. 1962. (1146)

Induktionsmaschinen von F. Unger. 3. Aufl. In Vorb. (1140)

Die komplexe Berechnung von Wechselstromschaltungen von H. H. Meinke. 3., neubearb. Aufl. 185 S., 126 Abb. 1965. (1156/1156a)

Theoretische Grundlagen zur Berechnung der Schaltgeräte von F. Kesselring. 4. Aufl. 1968. (711/711a/711b)

Einführung in die Technik selbsttätiger Regelungen von W. zur Megede. 3., überarb. u. erw. Aufl. Etwa 180 S., 86 Abb. 1968. In Vorb. (714/714a)

Elektromotorische Antriebe von W. Meyer. 223 S., 113 Abb. 1967. (827/827a/827b)

Überspannungen und Überspannungsschutz von G. Frühauf. Durchges. Neudr. 122 S., 98 Abb. 1950. (1132)

Elektrische Höchstspannungs-Schaltanlagen. Für Freiluft und Innenanordnung von G. Meiners u. K.-H. Wiesenewsky. 138 S., 58 Abb. 1964. (796/796a)

Transformatoren von W. Schäfer. 5., überarb. u. erg. Aufl. 130 S., 73 Abb. 1967. (952/952a)

Maschinenbau

Thermische Verfahrenstechnik von H. Bock. 3 Bde.
- I: Eigenschaften und Verhalten der realen Stoffe. 184 S., 28 Abb. 1963. (1209/1209 a)
- II: Funktion und Berechnung der elementaren Geräte. 195 S., 54 Abb. 1964. (1210/1210 a)
- III: Fließbilder, ihre Funktion und ihr Zusammenbau aus Geräten. 224 S., 67 Abb. 1965. (1211/1211 a)

Technische Thermodynamik von U. Grigull. 171 S., 74 Abb. 1966. (1084/1084 a)

Metallkunde von H. Borchers. 3 Bde.
- I: Aufbau der Metalle und Legierungen. 6. Aufl. 120 S., 90 Abb., 2 Tab. 1964. (432)
- II: Eigenschaften, Grundzüge der Form- und Zustandsgebung. 5., erg. u. durchges. Aufl. 182 S., 107 Abb., 10 Tab. 1963. (433/433 a)
- III: Die metallkundlichen Untersuchungsmethoden von E. Hanke. In Vorb. (434)

Die Werkstoffe des Maschinenbaues von A. Thum† und C. M. v. Meysenbug. 2 Bde.
- I: Einführung in die Werkstoffprüfung. 3. Aufl. In Vorb. (476)
- II: Die Konstruktionswerkstoffe. 132 S., 40 Abb. 1959. (936)

Dynamik von W. Müller. 2 Bde. 2., verb. Aufl.
- I: Dynamik des Einzelkörpers. 128 S., 48 Fig. 1952. (902)
- II: Systeme von starren Körpern. 102 S., 41 Fig. 1952. (903)

Technische Schwingungslehre von L. Zipperer. 2 Bde. 2., neubearb. Aufl.
- I: Allgemeine Schwingungsgleichungen, einfache Schwinger. 120 S., 101 Abb. 1953. (953)
- II: Torsionsschwingungen in Maschinenanlagen. 102 S., 59 Abb. 1955. (961/961 a)

Werkzeugmaschinen für Metallbearbeitung von K. P. Matthes. 2 Bde.
- I: 100 S., 27 Abb., 11 Zahlentaf., 1 Tafelanh. 1954. (561)
- II: Fertigungstechnische Grundlagen der neuzeitlichen Metallbearbeitung. 101 S., 30 Abb., 5 Taf. 1955. (562)

Das Maschinenzeichnen mit Einführung in das Konstruieren von W. Tochtermann. 2 Bde. 4. Aufl.
- I: Das Maschinenzeichnen. 156 S., 75 Taf. 1950 (589)
- II: Ausgeführte Konstruktionsbeispiele. 130 S., 58 Taf. 1950. (590)

Die Maschinenelemente von E. A. vom Ende†. 4., überarb. Aufl. 184 S., 179 Fig., 11 Taf. 1963. (3/3 a)

Die Maschinen der Eisenhüttenwerke von L. Engel. 156 S., 95 Abb. 1957. (583/583 a)

Walzwerke von H. Sedlaczek†. 3., neubearb. Aufl. In Vorb. (580/580 a)

Getriebelehre von P. Grodzinski†. 2 Bde. 3., neubearb. Aufl. von G. Lechner.
- I: Geometrische Grundlagen. 164 S., 131 Fig. 1960. (1061)
- II: Angewandte Getriebelehre. In Vorb. (1062)

Kinematik von H. R. Müller. 171 S., 75 Fig. 1963. (584/584a)

Gießereitechnik von H. Jungbluth. 2 Bde.
I. Eisengießerei. 126 S., 44 Abb. 1951. (1159)

Die Dampfkessel einschließlich Feuerungen und Hilfseinrichtungen. Physikalische und chemische Grundlagen, Berechnung und Konstruktion, Vorschriften und Beispiele von W. Marcard. 3., neubearb. Aufl. von G. Beyer 2 Bde.
I: Physikalische und chemische Grundlagen, Wärmelehre, Wärmeübertragung, Verbrennung. 133 S., 35 Bild., 26 Tab. 1964. (9/9a)
II: Berechnung und Konstruktion. Dampfkessel, Hilfseinrichtungen. Feuerungen, Berechnung. 108 S., 45 Bild. 1966. (521/521a)

Die Dampfturbinen. Ihre Wirkungsweise, Berechnung und Konstruktion von C. Zietemann. 3 Bde.
I: Theorie der Dampfturbinen. 4. Aufl. 139 S., 48 Abb. In Vorb. (274)
II: Die Berechnung der Dampfturbinen und die Konstruktion der Einzelteile. 4., verb. Aufl. 132 S. 111 Abb. In Vorb. (715)
III: Die Regelung der Dampfturbinen. die Bauarten, Turbinen für Sonderzwecke, Kondensationsanlagen. 3., verb. Aufl. 126 S., 90 Abb. 1956. (716)

Verbrennungsmotoren von W. Endres. 3 Bde.
I: Überblick. Motor-Brennstoffe, Verbrennung im Motor allgemein, im Otto- und Diesel-Motor. 2. Aufl. In Vorb. (1076/1076a)
II: Gaswechselvorgang. Aufladen, Leistung, mittl. Druck. Reibung, Wirkungsgrade und Kraftstoffverbrauch. 152 S., 62 Abb. 1966. (1184/1184a)
III: Die Einzelteile des Verbrennungsmotors. In Vorb. (1185/1185a)

Autogenes Schweißen und Schneiden von H. Niese. 5. Aufl., neubearb. von A. Küchler. 136 S., 71 Fig. 1953. (499)

Die elektrischen Schweißverfahren von H. Niese. 2. Aufl., neubearb. von H. Dienst. 136 S., 58 Abb. 1955. (1020)

Die Hebezeuge. Entwurf von Winden und Kranen von G. Tafel. 2., verb. Aufl. 176 S., 230 Fig. 1954. (414/414a)

Vermessungswesen

Vermessungskunde von W. Großmann. 3 Bde.
I: Stückvermessung und Nivellieren. 12., verb. Aufl. 156 S., 122 Fig. 1965., (468)
II: Horizontalaufnahmen und ebene Rechnungen. 10., verb. Aufl. 149 S., 101 Fig. 1967. (469/469a)
III: Trigonometrische und barometrische Höhenmessung. Tachymetrie und Absteckungen. 8., verb. Aufl. 140 S., 102 Fig. 1965. (862)

Kartographie von V. Heissler. 2. Aufl. 213 S., 125 Abb., 8 Anl. 1966. (30/30a)

Photogrammetrie von G. Lehmann. 2., neubearb. Aufl. 205 S., 136 Abb. 1966. (1188/1188a)

Wasserbau

Wasserkraftanlagen von A. Ludin unt. Mitarb. von W. Borkenstein. 2 Bde.
- I: Planung, Grundlagen und Grundzüge. 124 S., 60 Abb. 1955. (665)
- II: Anordnung und Ausbildung der Hauptbauwerke. 184 S., 91 Abb. 1958. (666/666a)

Verkehrswasserbau von H. Dehnert. 3 Bde.
- I: Entwurfsgrundlagen, Flußregelungen 103 S., 53 Abb. 1950. (585)
- II: Flußkanalisierung und Schiffahrtskanäle. 94 S., 60 Abb. 1950. (597)
- III: Schleusen und Hebewerke. 98 S., 70 Abb. 1950 (1152)

Wehr- und Stauanlagen von H. Dehnert. 134 S., 90 Abb. 1952. (965)

Talsperren von F. Tölke. 122 S., 70 Abb. 1953. (1044)

Hoch- und Tiefbau

Die wichtigsten Baustoffe des Hoch- und Tiefbaus von O. Graf†. 4., verb. Aufl. 131 S., 63 Abb. 1953. (984)

Baustoffverarbeitung und Baustellenprüfung des Betons von A. Kleinlogel. 2., neubearb. u. erw. Aufl. 126 S., 35 Abb. 1951. (978)

Festigkeitslehre. 2 Bde.
- I: Elastizität, Plastizität und Festigkeit der Baustoffe und Bauteile von W. Gehler† u. W. Herberg. Durchges. u. erw. Neudr. 159 S., 118 Abb. 1952. (1144)
- II: Formänderung, Platten, Stabilität und Bruchhypothesen von W. Herberg und N. Dimitrov. 187 S., 94 Abb. 1955. (1145/1145a)

Grundlagen des Stahlbetonbaues von A. Troche. 2., neubearb. u. erw. Aufl. 208 S., 75 Abb., 17 Bemessungstaf., 20 Rechenbeisp. 1953. (1078)

Statik der Baukonstruktionen von A. Teichmann 3 Bde.
- I: Grundlagen. 101 S., 51 Abb., 8 Formeltaf. 1956. (119)
- II: Statisch bestimmte Stabwerke. 107 S., 52 Abb., 7 Taf. 1957 (120)
- III: Statisch unbestimmte Systeme. 112 S., 34 Abb., 7 Formeltaf. 1958. (122)

Fenster, Türen, Tore aus Holz und Metall. Eine Anleitung zu ihrer guten Gestaltung, wirtschaftlichen Bemessung und handwerksgerechten Konstruktion von W. Wickop†. 5. Aufl. In Vorb. (1092)

Heizung und Lüftung von W. Körting. 2 Bde., neubearb. Aufl.
- I: Das Wesen und die Berechnung der Heizungs- und Lüftungsanlagen. 171 S., 29 Abb., 36 Zahlentaf. 1962. (342/342a)
- II: Die Ausführung der Heizungs- und Lüftungsanlagen. In Vorb. (343)

Industrielle Kraft- und Wärmewirtschaft von F. A. F. Schmidt u. A. Beckers. 167 S., 73 Abb. 1957. (318/318a)

Sammlung Göschen / Bandnummernfolge

1 Langosch, Der Nibelunge Nôt
3/3a v. Ende, Maschinenelemente
9/9a Marcard-Beyer, Dampfkessel I
10 Jiriczek-Wisniewski, Kudrun und Dietrich-Epen
13/13a Lotze, Geologie
18 Maurer, Hartmann von Aue, Der arme Heinrich
19 Altheim, Römische Geschichte I
20 Hofstaetter, Dt. Sprachlehre
22 Maurer, Gottfried von Strassburg
29/29a Brauns-Chudoba, Allgemeine Mineralogie
30/30a Heissler, Kartographie
31/31a Brauns-Chudoba, Spezielle Mineralogie
32 Schneider-Wisniewski, Deutsche Heldensage
35 Treue, Dt. Geschichte von 1648 bis 1740
37/37a Klemm, Anorgan. Chemie
38/38a Schlenk, Organische Chemie
39 Treue, Dt. Geschichte von 1713 bis 1806
42 Behn-Hoernes, Vorgeschichte Europas
44 Kresze, Physikal. Meth. in der Organ. Chemie I
45/45a Kresze, Physikal. Meth. in der Organ. Chemie II
47 Fischer-Rohrbach, Arithmetik
51/51a Ringleb, Mathem. Formelsammlung
52 Bieler, Röm. Literaturgesch. I
59 Krahe, Indogerm. Sprachwiss. I
60 Biehle, Stimmkunde
61 Biehle, Redetechnik
64 Krahe, Indogerm. Sprachwiss. II
65/65a Grotemeyer, Analyt. Geometrie
66 Berneker-Vasmer, Russische Grammatik
70 Nestle-Liebich, Gesch. d. griechischen Literatur I
71 Schulze, Allgemeine und physikalische Chemie I
76 Döring, Einf. i. d. th. Physik I
77/77a Döring, Einf. i. d. th. Physik II
78 Döring, Einf. i. d. th. Physik III
79/79a Hempel, Got. Elementarbuch
80 Weigert, Stilkunde I
81 Schubert-Haussner-Erlebach, Vierstell. Logarithmentafeln
86 Barner, Differential- u. Integralrechnung I
96 Hartmann, Einf. in die allgem. Biologie
99 Hessenberg-Kneser, Ebene und sphär. Trigonometrie
101/101a Wiese, Soziologie
103 Dahrendorf, Industrie- und Betriebssoziologie
104/104a Hofstätter, Sozialpsychologie
111/111a Hoffmann-Debrunner-Scherer, Gesch. d. griechischen Sprache I
114/114a Debrunner-Scherer, Gesch. der griechischen Sprache II
117 Brandenstein, Griechische Sprachwissenschaft I
118/118a Brandenstein, Griechische Sprachwissenschaft II
119 Teichmann, Statik der Baukonstruktionen I
120 Teichmann, Statik der Baukonstruktionen II
122 Teichmann, Statik der Baukonstruktionen III

128/128a Lausberg, Romanische Sprachwissenschaft I
136/136a Mahler-Sohr, Physikal. Formelsammlung
141 Geitler, Morphologie der Pflanzen
142 Haack, Darst. Geometrie I
143 Haack, Darst. Geometrie II
144 Haack, Darst. Geometrie III
145/145a Weimer, Gesch. der Pädagogik
148 Kolms, Finanzwissenschaft I
156/156a Landmann, Philosophische Anthropologie
170 Oehlmann, Musik des 19. Jhs.
171/171a Oehlmann, Musik des 20. Jhs.
173 Bruhns-Ramdohr, Petrographie
174 Schlingloff, Religion des Buddhismus I
180 Böhm, Versicherungsmathem. I
184 Blümcke, Textilindustrie I
196/196a Mohr, Grundlagen der allgem. Elektrotechnik
200/200a Gottschald, Dt. Rechtschreibungswörterbuch
210 Bruhns-Ramdohr, Kristallographie
220/220a Moser, Allg. Musiklehre
221/221a Jander-Jahr-Knoll, Maßanalyse
222 Hassak-Beutel-Kutzelnigg, Warenkunde I
223 Hassak-Beutel-Kutzelnigg, Warenkunde II
226/226a Hofmann, Gesch. der Mathematik I
228 Vogel, Landw. Tierzucht
231/231a Ehrlich, Geschichte Israels
238 Krahe, German. Sprachwiss. I
243 Mahler-Graewe, Physikal. Aufgabensammlung
247/247a Hofmann-Jander, Qualitative Analyse
250 Lausberg, Romanische Sprachwissenschaft II
252 Vetter, Elektrochemie I
253 Vetter, Elektrochemie II
257 Humburg, Gleichstrommaschine I
264 Lockemann, Gesch. der Chemie I
265/265a Lockemann, Geschichte der Chemie II
270/270a Kirn-Leuschner, Einführung in die Geschichtswissenschaft
274 Zietemann, Dampfturbinen I
279 Jacob-Hohenleutner, Quellenkunde der deutschen Geschichte I
280 Jacob-Hohenleutner, Quellenkunde der deutschen Geschichte II
281 Leisegang, Einführung in die Philosophie
282/282a Haltenorth, Säugetiere
284 Jacob-Weden, Quellenkunde der deutschen Geschichte III
318/318a Schmidt-Beckers, Industrielle Kraft- u. Wärmewirtschaft
319 Krug, Australien und Ozeanien
329 Scharrer, Agrikulturchemie I
330/330a Scharrer, Agrikulturchemie II
335 Klug, Fette und Öle
336 Braun-Klug, Seifenfabrikation
342/342a Körting, Heizung und Lüftung I
343 Körting, Heizung und Lüftung II
344 Moser, Musikästhetik
354/354a Valentiner-König, Vektoren und Matrizen
355 Neger-Münch-Huber, Nadelhölzer
356 Lüdemann, Fische
374 Döring, Einf. i. d. th. Physik IV
375/375a Preller, Geschichte Englands I
389/389a Diels-Mattick, Pflanzengeographie
391 Kolms, Finanzwissenschaft II
394/394a Schilling, Von der Renaissance bis Kant
414/414a Tafel, Hebezeuge
422 Gottschald, Dt. Personennamen
423 Adler-Erlebach, Fünfstellige Logarithmen
432 Borchers, Metallkunde I
433/433a Borchers, Metallkunde II
434 Borchers-Hanke, Metallkunde III
435 Burau, Algebr. Kurven und Flächen I
436/436a Burau, Algebr. Kurven und Flächen II
439 Jaeckel, Würmer
440 Jaeckel, Weichtiere
441 Jaeckel, Stachelhäuter

442 Hannemann, Schwämme und Hohltiere
443 Gruner-Deckert, Krebse
444 Reichenow, Einzeller
445 Asmus, Physikal.-chem. Rechenaufgaben
447/447 a Herter, Kriechtiere
448 Fechter, Manteltiere
452/452 a Bahrdt-Scheer, Stöchiometr. Aufgabensig.
468 Großmann, Vermessungskunde I
469/469 a Großmann, Vermessungskunde II
476 Thum-Meysenbug, Werkstoffe des Maschinenbaues I
483 Henglein, Lötrohrprobierkunde
492/492 a Stolz-Debrunner-Schmid, Geschichte der lateinischen Sprache
499 Niese-Küchler, Autogenes Schweißen
500 Simmel, Hauptprobleme der Philosophie
521/521 a Marcard-Beyer, Dampfkessel II
536 Lehmann, Kant
538 Rumpf, Archäologie I
539 Rumpf, Archäologie II
540 Rumpf, Archäologie III
557 Nestle-Liebich, Gesch. der griech. Literatur II
561 Matthes, Werkzeugmaschinen I
562 Matthes, Werkzeugmaschinen II
564 Behn-Hoernes, Kultur der Urzeit I
565 Behn-Hoernes, Kultur d. Urzeit II
566 Behn-Hoernes, Kultur d. Urzeit III
571 Lehmann, Philosophie des 19. Jahrhunderts I
576/576 a Moser, Gesangskunst
579 Müller-Schulze, Techn. Tabellen
580/580 a Sedlaczek, Walzwerke
583/583 a Engel, Maschinen der Eisenhüttenwerke
584/584 a Müller, Kinematik
585 Dehnert, Verkehrswasserbau I
587 Kalitsunakis-Steinmetz, Neugriech.-dt. Gesprächsbuch
589 Tochtermann, Maschinenzeichnen I
590 Tochtermann, Maschinenzeichnen II
594 Lengerken, Insekten
597 Dehnert, Verkehrswasserbau II
601 Mutschmann-Scherer, Engl. Phonetik
608/608 a/608 b Erman-Krückmann, Hieroglyphen
619/619 a Buchwald, Kristalloptik
665 Ludin-Borkenstein, Wasserkraftanlagen I
666/666 a Ludin-Borkenstein, Wasserkraftanlagen II
668 Knopp, Funktionentheorie I
677 Altheim, Röm. Geschichte II
679 Altheim, Röm. Geschichte III
684 Altheim, Röm. Geschichte IV
691 Fauser, Kulturtechn. Bodenverbesserungen I
692 Fauser, Kulturtechn. Bodenverbesserungen II
698/698 a Schulze, Allgemeine u. physikalische Chemie II
703 Knopp, Funktionentheorie II
708/708 a/708 b Meissner-Oberhuber, Keilschrift
709 Lehmann, Philosophie des 19. Jahrhunderts II
711/711 a/711 b Kesselring, Berechnung der Schaltgeräte
714/714 a zur Megede, Technik selbsttätiger Regelungen
715 Zietemann, Dampfturbinen II
716 Zietemann, Dampfturbinen III
718 Neger-Münch-Huber, Laubhölzer
728/728 a Pirani-Fischer-Runge, Graph. Darstellung in Wissenschaft u. Technik
735 Ekwall, Historische neuengl. Laut- und Formenlehre
746/746 a Pfanzagl, Allg. Methodenlehre der Statistik I
747/747 a Pfanzagl, Allg. Methodenlehre der Statistik II
756/756 a Kalitsunakis, Gramm. d. Neugriech. Volksspr.
763/763 a/763 b Meyer, Hebräische Grammatik I
764/764 a/764 b Meyer, Hebräische Grammatik II
765/765 a/765 b Meyer, Hebräische Grammatik III
768/768 a Bieberbach, Einführung in die konforme Abbildung

769/769a Beer-Meyer, Hebräisches Textbuch
770 Schlingloff, Religion des Buddhismus II
776/776a Kolms, Finanzwissenschaft III
780 Krahe, German. Sprachwiss. II
781 Weigert, Stilkunde II
782/782a Kolms, Finanzwissenschaft IV
786 Schulze, Molekülbau
796/796a Meiners-Wiesenewsky, Elektr. Höchstspannungs-Schaltanlagen
809 Moser, Harmonielehre I
810 Moser, Harmonielehre II
826 Koch, Philosophie d. Mittelalters
827/827a/827b Meyer, Elektromotorische Antriebe
831 Erismann, Allg. Psychologie I
832/832a Erismann, Allg. Psychologie II
833 Erismann, Allg. Psychologie III
834/834a Erismann, Allg. Psychologie IV
837/837a Baumgartner, Gruppentheorie
845 Lehmann, Philosophie im ersten Drittel des 20. Jhs. I
847 Herter, Lurche
850 Lehmann, Philosophie im ersten Drittel des 20. Jhs. II
851/851a Moede, Psychologie des Berufs- und Wirtschaftslebens
857 Capelle, Griech. Philosophie I
858 Capelle, Griech. Philos. II
859 Capelle, Griech. Philos. III
862 Großmann, Vermessungskunde III
863 Capelle, Griech. Philos. IV
866 Bieler, Röm. Literaturgeschichte II
869 Freye, Vögel
875 Hofmann, Geschichte der Mathematik II
877 Knopp, Aufgabensammlung zur Funktionentheorie I
878 Knopp, Aufgabensammlung zur Funktionentheorie II
881 Humburg, Gleichstrommaschine II
882 Hofmann, Geschichte der Mathematik III
883 Stuloff, Mathematik der neuesten Zeit
893 Treue, Dt. Geschichte von 1806 bis 1890
894 Treue, Dt. Geschichte von 1890 bis zur Gegenwart
896/896a Pokorny, Altirische Gramm.
902 Müller, Dynamik I
903 Müller, Dynamik II
910 Jaeger, Afrika I
911 Jaeger, Afrika II
915 Sperber-Polenz, Gesch. der Deutschen Sprache
917/917a Böhm, Versicherungsmathematik II
920/920a Hoheisel, Gewöhnliche Differentialgleichungen
921 Jantzen-Kolb, W. v. Eschenbach, Parzival
924/924a Brandenstein, Griechische Sprachwissenschaft III
929 Schirmer-Mitzka, Dt. Wortkunde
930 Krull, Elementare und klassische Algebra I
931 Hasse, Höhere Algebra I
932 Hasse, Höhere Algebra II
933 Krull, Elementare und klassische Algebra II
936 Thum-Meysenbug, Werkstoffe d. Maschinenbaues II
942/942a Damerau, Polnische Grammatik
952/952a Schäfer, Transformatoren
953 Zipperer, Techn. Schwingungslehre I
961/961a Zipperer, Techn. Schwingungslehre II
965 Dehnert, Wehr- und Stauanlagen
970/970a Baldus-Löbell, Nichteuklidische Geometrie
972/972a Herter-Urich, Vergleichende Physiologie der Tiere I
973/973a Herter-Birukow, Vergleichende Physiologie der Tiere II
978 Kleinlogel, Baustoffverarbeitung und Baustellenprüfung d. Betons
984 Graf, Baustoffe des Hoch- und Tiefbaus
999/999a Kamke, Mengenlehre
1000 Jaspers, Geistige Situat. der Zeit

1003 Hoheisel, Partielle Differentialgleichungen
1008/1008a Mellerowicz, Allgem. Betriebswirtschaftslehre I
1009 Bechert-Gerthsen-Flammersfeld, Atomphysik I
1014/1014a Huttenlocher-Ramdohr, Mineral- und Erzlagerstättenkunde I
1015/1015a Huttenlocher-Ramdohr, Mineral- und Erzlagerstättenkunde II
1017 Döring, Einf. i. d. th. Physik V
1020 Niese-Dienst, Elektrische Schweißverfahren
1031/1031a Apel-Ludz, Philosophisches Wörterbuch
1033 Bechert-Gerthsen-Flammersfeld, Atomphysik II
1034 Kranefeldt-Jung, Therapeutische Psychologie
1035 Altheim, Röm. Religionsgeschichte I
1039/1039a Dovifat, Zeitungslehre I
1040/1040a Dovifat, Zeitungslehre II
1044 Tölke, Talsperren
1045 Schubert, Technik des Klavierspiels
1051/1051a Stolberg-Wernigerode, Gesch. d. Vereinigten Staaten
1052 Altheim, Röm. Religionsgeschichte II
1059/1059a Hoheisel, Aufgabenslg. z. d. gew. u. part. Differentialgleichungen
1061 Grodzinski-Lechner, Getriebelehre I
1062 Grodzinski-Lechner, Getriebelehre II
1065 Haller-Dannenbauer, Von d. Karolingern zu den Staufern
1070 Sauter, Differentialgleichungen der Physik
1074 Koschmieder, Variationsrechnung I
1075 Koschmieder, Variationsrechnung II
1076/1076a Endres, Verbrennungsmotoren I
1077 Haller-Dannenbauer, Von den Staufern zu den Habsburgern
1078 Troche, Stahlbetonbau
1082 Hasse-Klobe, Aufgabensammlung zur höheren Algebra
1084/1084a Grigull, Techn. Thermodynamik
1085 Lietzmann-Aland, Zeitrechnung
1086 Müller, Dt. Dichten und Denken
1088 Preller, Gesch. Englands II
1092 Wickop, Fenster, Türen, Tore
1094 Hernried, System, Modulation
1096 Viëtor, Dt. Dichten und Denken
1099 Hoheisel, Integralgleichungen
1105 Hartung, Dt. Geschichte im Zeitalter der Reformation
1108 de Boor-Wisniewski, Mittelhochdeutsche Grammatik
1109 Knopp, Elemente der Funktionentheorie
1111/1111a Naumann-Betz, Althochdt. Elementarbuch
1113/1113a Strubecker, Differentialgeometrie I
1114/1114a Schubel, Engl. Literaturgeschichte I
1115/1115a/1115b Ranke-Hofmann, Altnord Elementarbuch
1116 Schubel, Engl. Literaturgeschichte II
1117 Haller-Dannenbauer, Eintritt der Germanen in die Geschichte
1121 Naumann, Dt. Dichten u. Denken
1122 Jesch, Sprecherziehung
1123/1123a Bechert-Gerthsen-Flammersfeld, Atomphysik III
1124 Schubel, Engl. Literaturgeschichte III
1125 Lehnert, Altengl. Elementarbuch
1127 Hartmann, Geschlecht u. Geschlechtsbestimmung im Tier- und Pflanzenreich
1128 Buchner, Symbiose d. Tiere
1130 Dibelius-Kümmel, Jesus
1131 Scholz-Schoeneberg, Einführung in die Zahlentheorie
1132 Frühauf, Überspannungen
1134 Kuckuck, Pflanzenzüchtung I
1135 Lehnert, Beowulf
1137 Heil, Entwicklungsgesch. Pflanzenreiches
1138 Hämmerling, Fortpflanzung im Tier- und Pflanzenreich
1140 Unger, Induktionsmaschinen
1141 Koller, Hormone

1142 Meissner-Lehnert, Shakespeare
1144 Gehler-Herberg, Festigkeitslehre I
1145/1145 a Herberg-Dimitrov, Festigkeitslehre II
1146 Putz, Synchronmaschine
1147 Waltershausen, Kunst d. Dirigierens
1148 Pepping, Der polyphone Satz I
1152 Dehnert, Verkehrswasserbau III
1153/1153 a Mellerowicz, Allgem. Betriebswirtschaftslehre II
1154/1154 a Mellerowicz, Allgem. Betriebswirtschaftslehre III
1155 Schwartz, Mikrobiologie I
1156/1156 a Meinke, Komplexe Berechnungen v. Wechselstromschaltungen
1157 Schwartz, Mikrobiologie II
1158/1158 a Mayrhofer, Sanskrit-Grammatik
1159 Jungbluth, Gießereitechnik I
1160 Dibelius-Kümmel, Paulus
1161 Kaestner, Spinnentiere
1162 Seidel Entwicklungsphysiologie der Tiere I
1163 Seidel, Entwicklungsphysiologie der Tiere II
1164/1164 a Pepping, Der polyphone Satz II
1165/1165 a Bechert-Gerthsen-Flammersfeld, Atomphysik IV
Paulsen, Allgemeine Volkswirtschaftslehre I
1170 Paulsen, Allgemeine Volkswirtschaftslehre II
1171/1171 a Paulsen, Allgemeine Volkswirtschaftslehre III
1172 Paulsen, Allgemeine Volkswirtschaftslehre IV
1173/1173 a Hamann-Funke-Nollen, Chemie der Kunststoffe
1176/1176 a Lorenzen, Form. Logik
1177/1177 a Redeker, Schleiermacher
1178/1178 a Kuckuck, Pflanzenzüchtung II
1179/1179 a Strubecker, Differentialgeometrie II
1180/1180 a Strubecker, Differentialgeometrie III
1181 Franz, Topologie I
1182/1182 a Franz, Topologie II
1183/1183 a Nicolas, Finanzmathematik
1184/1184 a Endres, Verbrennungsmotoren II
1185/1185 a Endres, Verbrennungsmotoren III
1186/1186 a Mellerowicz, Allgem. Betriebswirtschaftslehre IV
1187 Lau, Luther
1188/1188 a Lehmann, Photogrammetrie
1189/1189 a Päsler, Mechanik
1190 Stupperich, Melanchthon
1191/1191 a Bräuer, Slav. Sprachwissenschaft I
1192/1192 a Bräuer, Slav. Sprachwissenschaft II
1193 Fürstenberg, Wirtschaftssoziologie
1194/1194 a Wendt, Gesch. d. Volkswirtschaftslehre
1195 Ohm, Allgem. Volkswirtschaftspolitik I
1196/1196 a Ohm, Allgem. Volkswirtschaftspolitik II
1197/1197 a Onasch, Konfessionskunde der orthod. Kirchen
1198 Engel, Straßenverkehrstechnik
1199 Lausberg, Romanische Sprachwissenschaft III, 1. Teil
1200/1200 a Lausberg, Romanische Sprachwissenschaft III, 2. Teil
1201/1201 a Dehn, Versuche zur allgem. u. phys. Chemie
1202/1202 a Nagel, Gesch. des christl. Gottesdienstes
1203 Wendland, Sozialethik
1204 Scheurig, Zeitgeschichte
1205/1205 a Hofmann, Ideengeschichte d. soz. Bewegung
1206/1206 a Langen, Lineare Programmierung
1208 Lausberg, Romanische Sprachwissenschaft IV
1209/1209 a Bock, Therm. Verfahrenstechnik I
1210/1210 a Bock, Therm. Verfahrenstechnik II
1211/1211 a Bock, Therm. Verfahrenstechnik III
1212/1212 a Hilf, Arbeitswissenschaft
1213/1213 a Kosiol, Buchhaltung und Bilanz

1216/1216a Bauer, Wahrscheinlichkeitstheorie I
1217 Bauer, Wahrscheinlichkeitstheorie II
1218/1218a/1218b Meid, German. Sprachwiss. III
1219 Schmidt-Clausing, Zwingli
1220/1220a Zemann, Kristallchemie
1221 Gerdes, Kierkegaard
1222/1222a Tschižewskij, Slav. Literaturen I
1223/1223a Tschižewskij, Slav. Literaturen II
1224/1224a/1224b Wedepohl, Geochemie
1225/1225a Schneider-Jurksch, Datenverarbeitungsanlagen
1226/1226a/1226b Weinstock, Mittelengl. Elementarbuch
1227/1227a Wedig, Übungsaufgaben zu A. Paulsen, Allgem. Volkswirtschaftslehre I/II

Autorenregister

FSC
www.fsc.org
MIX
Papier | Fördert gute Waldnutzung
FSC® C083411

Kolibri 360 GmbH
Ferdinand-Jühlke-Straße 7
99095 Erfurt, Deutschland
produktsicherheit@kolibri360.de